DIETA DASH

2022

RECETAS DELICIOSAS Y SENCILLAS

PARA BAJAR LA PRESIÓN ARTERIAL

PAMELA RAUL

Tabla de contenido

Mezcla de pollo y lentejas 12

Pollo y Coliflor 13

Sopa de albahaca, tomate y zanahorias 14

Carne de cerdo con batatas 15

Sopa de Trucha y Zanahorias 16

Guiso de pavo e hinojo 17

Sopa de berenjena 18

Crema de Camote 19

Sopa De Pollo Y Champiñones 20

Sartén de lima y salmón 22

Ensalada de papas 23

Sartén de Carne Molida y Tomate 25

Ensalada De Camarones Y Aguacate 26

Crema de brócoli 27

Sopa de repollo 28

Sopa de apio y coliflor 29

Sopa de cerdo y puerros 30

Ensalada de brócoli y camarones a la menta 31

Sopa De Camarones Y Bacalao 33

Mezcla de camarones y cebollas verdes 34

Guiso de espinacas 35

Mezcla de coliflor al curry 36

Guiso de Zanahorias y Calabacín 37

Guiso de Col y Judías Verdes 38

Sopa De Champiñones Y Chile 39
Carne de cerdo con chile 40
Ensalada De Champiñones Con Pimentón Y Salmón 41
Mezcla de garbanzos y patatas 43
Mezcla de pollo con cardamomo 44
Chile de Lentejas 45
Endivias de Romero 46
Endivias de limón 47
Espárragos al pesto 48
Zanahorias con pimentón 49
Sartén cremosa de patatas 50
Repollo de sésamo 51
Brócoli con cilantro 52
Coles de Bruselas con chile 53
Mezcla de coles de Bruselas y cebollas verdes 54
Puré de coliflor 55
Ensalada de aguacate 56
Ensalada de rábano 57
Ensalada de endivias al limón 58
Mezcla de Aceitunas y Maíz 59
Ensalada de rúcula y piñones 60
Almendras y espinacas 61
Ensalada de Frijoles Verdes y Maíz 62
Ensalada de endivias y col rizada 63
Ensalada Edamame 64
Ensalada de uvas y aguacates 65
Mezcla de berenjena con orégano 66

Mezcla de tomates al horno 67

Setas de tomillo 68

Salteado de Espinacas y Maíz 69

Salteado de Maíz y Cebolletas 70

Ensalada de espinacas y mango 71

Patatas Mostaza 72

Coles de Bruselas de coco 73

Zanahorias de salvia 74

Hongos con ajo y maíz 75

Judías verdes al pesto 76

Tomates al estragón 77

Remolacha de almendras 78

Tomates Menta y Maíz 79

Salsa de Calabacín y Aguacate 80

Mezcla de manzanas y repollo 81

Remolacha asada 82

Repollo al eneldo 83

Ensalada de repollo y zanahoria 84

Salsa de Tomate y Aceitunas 85

Ensalada de calabacín 86

Ensalada De Zanahorias Al Curry 87

Ensalada de lechuga y remolacha 88

Rábanos con hierbas 89

Mezcla de hinojo al horno 90

Morrones asados 91

Salteado de dátiles y repollo 92

Mix de Aceitunas y Endivias 94

Ensalada de tomates y pepino ... 95
Ensalada De Pimientos Y Zanahoria ... 96
Mezcla de Frijoles Negros y Arroz ... 97
Mezcla de arroz y coliflor ... 98
Mezcla de frijoles balsámicos ... 99
Remolacha Cremosa ... 100
Mezcla de aguacate y pimientos morrones ... 101
Camote y remolacha asados ... 102
Kale Salteado ... 103
Zanahorias especiadas ... 104
Alcachofas al limón ... 105
Brócoli, Frijoles y Arroz ... 106
Mezcla de calabaza al horno ... 107
Espárragos cremosos ... 108
Mezcla de nabos de albahaca ... 109
Mezcla de Arroz y Alcaparras ... 110
Mezcla de espinacas y col rizada ... 111
Brócoli de pavo y comino ... 112
Pollo Clavo ... 113
Pollo con Alcachofas de Jengibre ... 114
Mezcla de pavo y pimienta ... 115
Muslos de pollo y verduras con romero ... 116
Pollo con zanahorias y repollo ... 118
Sandwich de berenjena y pavo ... 119
Tortillas simples de pavo y calabacín ... 121
Pollo con Pimientos y Berenjena Sartén ... 122
Pavo al horno con balsámico ... 123

Mezcla de pavo con queso cheddar 124

Pavo parmesano 125

Mezcla cremosa de pollo y camarones 126

Mezcla de pavo con albahaca y espárragos calientes 127

Mezcla de pavo con anacardos 128

Pavo y Bayas 129

Pechuga De Pollo A Las Cinco Especias 130

Pavo con Verduras Especiadas 131

Champiñones con Pollo y Chile 132

Alcachofas de tomate y pollo con chile 133

Mezcla de pollo y remolacha 134

Pavo con Ensalada de Apio 135

Mezcla de muslos de pollo y uvas 136

Pavo y Limón Cebada 137

Pavo con Mezcla de Remolacha y Rábanos 138

Mezcla de cerdo con ajo 139

Cerdo al pimentón con zanahorias 140

Carne de cerdo con jengibre y cebollas 141

Carne de cerdo al comino 143

Mezcla de cerdo y verduras 144

Sartén de cerdo con tomillo 145

Carne de cerdo con coco y apio 148

Mezcla de cerdo y tomates 149

Chuletas de cerdo con salvia 150

Carne de cerdo tailandesa y berenjena 151

Cebolletas De Cerdo Y Lima 152

Cerdo balsámico 153

Cerdo al pesto 154

Pimientos de cerdo y perejil 155

Mezcla de comino y cordero 156

Cerdo con Rábanos y Judías Verdes 157

Cordero de hinojo y champiñones 158

Sartén de Cerdo y Espinacas 159

Cerdo con Aguacates 160

Mezcla de Manzanas y Cerdo 161

Chuletas de cerdo con canela 162

Chuletas de cerdo con coco 163

Carne de cerdo con mezcla de melocotones 164

Cordero al Cacao y Rábanos 165

Cerdo al limón y alcachofas 166

Cerdo con Salsa de Cilantro 168

Cerdo con Mezcla de Mango 169

Batatas de cerdo al romero y limón 170

Cerdo con Garbanzos 171

Chuletas de cordero con col rizada 172

Cordero al ají 173

Cerdo con Puerros al Pimentón 174

Chuletas de cerdo y guisantes 175

Maíz de cerdo y menta 176

Cordero al eneldo 177

Chuletas de cerdo con pimienta de Jamaica y aceitunas 178

Chuletas de cordero italianas 179

Arroz con Cerdo y Orégano 180

Albóndigas de cerdo 181

Carne de cerdo y endivias	182
Rábano de cerdo y cebollino	183
Salteado de Albóndigas de Menta y Espinacas	184
Albóndigas y Salsa de Coco	186
Lentejas y Cerdo con Cúrcuma	187
Cordero Salteado	188
Cerdo con Remolacha	189
Cordero y repollo	190
Cordero con Maíz y Okra	191
Cerdo con mostaza y estragón	192
Cerdo con Brotes y Alcaparras	193
Cerdo con Coles de Bruselas	194
Mezcla de cerdo y judías verdes calientes	195
Cordero con Quinua	196
Pan de cordero y bok choy	197
Cerdo con Okra y Aceitunas	198
Cerdo y Alcaparras Cebada	199
Mezcla de cerdo y cebollas verdes	200
Nuez moscada de cerdo y frijoles negros	201
Alcaparras de salmón y eneldo	203
Ensalada de salmón y pepino	204
Atún y Chalotes	205
Mezcla de bacalao a la menta	206
Bacalao y Tomates	207
Atún al pimentón	208
Bacalao a la naranja	209
Salmón Albahaca	210

Bacalao y Salsa Blanca 211

Mezcla de fletán y rábanos 212

Mezcla de salmón y almendra 213

Bacalao y Brócoli 214

Mezcla de jengibre y lubina 215

Salmón y Judías Verdes 216

Mezcla de pollo y lentejas

Tiempo de preparación: 10 minutos.
Tiempo de cocción: 25 minutos.
Porciones: 4

Ingredientes:
- 1 taza de tomates enlatados, sin sal agregada, picados
- Pimienta negra al gusto
- 1 cucharada de pasta de chipotle
- 1 libra de pechuga de pollo, sin piel, deshuesada y en cubos
- 2 tazas de lentejas enlatadas, sin sal agregada, escurridas y enjuagadas
- ½ cucharada de aceite de oliva
- 1 cebolla amarilla picada
- 2 cucharadas de cilantro picado

Direcciones:
1. Calienta una sartén con el aceite a fuego medio, agrega la cebolla y la pasta de chipotle, revuelve y sofríe por 5 minutos.
2. Agregue el pollo, revuelva y dore durante 5 minutos.
3. Agrega el resto de los ingredientes, revuelve, cocina todo por 15 minutos, divide en tazones y sirve.

Nutrición: calorías 369, grasa 17.6, fibra 9, carbohidratos 44.8, proteína 23.5

Pollo y Coliflor

Tiempo de preparación: 5 minutos.
Tiempo de cocción: 25 minutos.
Porciones: 4

Ingredientes:
- 1 libra de pechuga de pollo, sin piel, deshuesada y en cubos
- 2 tazas de floretes de coliflor
- 1 cucharada de aceite de oliva
- 1 cebolla morada picada
- 1 cucharada de vinagre balsámico
- ½ taza de pimiento rojo picado
- Una pizca de pimienta negra
- 2 dientes de ajo picados
- ½ taza de caldo de pollo bajo en sodio
- 1 taza de tomates enlatados, sin sal agregada, picados

Direcciones:
1. Calentar una sartén con el aceite a fuego medio-alto, agregar la cebolla, el ajo y la carne y dorar por 5 minutos.
2. Agrega el resto de los ingredientes, revuelve y cocina a fuego medio por 20 minutos.
3. Divida todo en tazones y sirva para el almuerzo.

Nutrición: calorías 366, grasa 12, fibra 5.6, carbohidratos 44.3, proteína 23.7

Sopa de albahaca, tomate y zanahorias

Tiempo de preparación: 10 minutos.
Tiempo de cocción: 20 minutos.
Porciones: 4

Ingredientes:
- 3 dientes de ajo picados
- 1 cebolla amarilla picada
- 3 zanahorias picadas
- 1 cucharada de aceite de oliva
- 20 onzas de tomates asados, sin sal agregada
- 2 tazas de caldo de verduras bajo en sodio
- 1 cucharada de albahaca seca
- 1 taza de crema de coco
- Una pizca de pimienta negra

Direcciones:
1. Calienta una olla con el aceite a fuego medio, agrega la cebolla y el ajo y sofríe por 5 minutos.
2. Agrega el resto de los ingredientes, revuelve, lleva a fuego lento, cocina por 15 minutos, licúa la sopa con una licuadora de inmersión, divide en tazones y sirve para el almuerzo.

Nutrición: calorías 244, grasa 17.8, fibra 4.7, carbohidratos 18.6, proteína 3.8

Carne de cerdo con batatas

Tiempo de preparación: 10 minutos.
Tiempo de cocción: 30 minutos.
Porciones: 4

Ingredientes:
- 4 chuletas de cerdo, deshuesadas
- 1 libra de batatas, peladas y cortadas en gajos
- 1 cucharada de aceite de oliva
- 1 taza de caldo de verduras, bajo en sodio
- Una pizca de pimienta negra
- 1 cucharadita de orégano seco
- 1 cucharadita de romero seco
- 1 cucharadita de albahaca seca

Direcciones:
1. Calentar una sartén con el aceite a fuego medio-alto, agregar las chuletas de cerdo y cocinarlas 4 minutos por cada lado.
2. Agrega las batatas y el resto de los ingredientes, tapa y cocina a fuego medio 20 minutos más removiendo de vez en cuando.
3. Divida todo entre platos y sirva.

Nutrición: calorías 424, grasa 23.7, fibra 5.1, carbohidratos 32.3, proteína 19.9

Sopa de Trucha y Zanahorias

Tiempo de preparación: 10 minutos.
Tiempo de cocción: 25 minutos.
Porciones: 4

Ingredientes:
- 1 cebolla amarilla picada
- 12 tazas de caldo de pescado bajo en sodio
- 1 libra de zanahorias, en rodajas
- 1 libra de filetes de trucha, deshuesados, sin piel y en cubos
- 1 cucharada de pimentón dulce
- 1 taza de tomates en cubos
- 1 cucharada de aceite de oliva
- Pimienta negra al gusto

Direcciones:
1. Calienta una olla con el aceite a fuego medio-alto, agrega la cebolla, revuelve y sofríe por 5 minutos.
2. Agrega el pescado, las zanahorias y el resto de los ingredientes, lleva a fuego lento y cocina a fuego medio durante 20 minutos.
3. Sirva la sopa en tazones y sírvala.

Nutrición: calorías 361, grasa 13.4, fibra 4.6, carbohidratos 164, proteína 44.1

Guiso de pavo e hinojo

Tiempo de preparación: 10 minutos.
Tiempo de cocción: 45 minutos.
Porciones: 4

Ingredientes:
- 1 pechuga de pavo, sin piel, deshuesada y en cubos
- 2 bulbos de hinojo, en rodajas
- 1 cucharada de aceite de oliva
- 2 hojas de laurel
- 1 cebolla amarilla picada
- 1 taza de tomates enlatados, sin sal agregada
- 2 caldo de res bajo en sodio
- 3 dientes de ajo picados
- Pimienta negra al gusto

Direcciones:
1. Calentar una sartén con el aceite a fuego medio, agregar la cebolla y la carne y dorar por 5 minutos.
2. Agrega el hinojo y el resto de los ingredientes, lleva a fuego lento y cocina a fuego medio durante 40 minutos, revolviendo de vez en cuando.
3. Divida el guiso en tazones y sirva.

Nutrición: calorías 371, grasa 12.8, fibra 5.3, carbohidratos 16.7, proteína 11.9

Sopa de berenjena

Tiempo de preparación: 10 minutos.
Tiempo de cocción: 30 minutos.
Porciones: 4

Ingredientes:
- 2 berenjenas grandes, cortadas en cubos
- 1 cuarto de caldo de verduras bajo en sodio
- 2 cucharadas de pasta de tomate sin sal agregada
- 1 cebolla morada picada
- 1 cucharada de aceite de oliva
- 1 cucharada de cilantro picado
- Una pizca de pimienta negra

Direcciones:
1. Calienta una olla con el aceite a fuego medio, agrega la cebolla, revuelve y sofríe por 5 minutos.
2. Agrega las berenjenas y los demás ingredientes, lleva a fuego lento a fuego medio, cocina por 25 minutos, divide en tazones y sirve.

Nutrición: calorías 335, grasa 14.4, fibra 5, carbohidratos 16.1, proteína 8.4

Crema de Camote

Tiempo de preparación: 10 minutos.
Tiempo de cocción: 25 minutos.
Porciones: 4

Ingredientes:
- 4 tazas de caldo de verduras
- 2 cucharadas de aceite de aguacate
- 2 batatas, peladas y en cubos
- 2 cebollas amarillas picadas
- 2 dientes de ajo picados
- 1 taza de leche de coco
- Una pizca de pimienta negra
- ½ cucharadita de albahaca picada

Direcciones:
1. Calentar una olla con el aceite a fuego medio, agregar la cebolla y el ajo, remover y sofreír por 5 minutos.
2. Agrega las batatas y el resto de los ingredientes, lleva a fuego lento y cocina a fuego medio durante 20 minutos.
3. Licúa la sopa con una licuadora de inmersión, viértela en tazones y sírvela para el almuerzo.

Nutrición: calorías 303, grasa 14.4, fibra 4, carbohidratos 9.8, proteína 4.5

Sopa De Pollo Y Champiñones

Tiempo de preparación: 10 minutos.
Tiempo de cocción: 30 minutos.
Porciones: 4

Ingredientes:
- 1 cuarto de caldo de verduras, bajo en sodio
- 1 cucharada de jengibre rallado
- 1 cebolla amarilla picada
- 1 cucharada de aceite de oliva
- 1 libra de pechuga de pollo, sin piel, deshuesada y en cubos
- ½ libra de champiñones blancos, rebanados
- 4 chiles tailandeses, picados
- ¼ de taza de jugo de lima
- ¼ de taza de cilantro picado
- Una pizca de pimienta negra

Direcciones:
1. Calentar una olla con el aceite a fuego medio, agregar la cebolla, el jengibre, los chiles y la carne, remover y dorar por 5 minutos.
2. Agrega los champiñones, revuelve y cocina por 5 minutos más.
3. Agrega el resto de los ingredientes, lleva a fuego lento y cocina a fuego medio por 20 minutos más.
4. Sirva la sopa en tazones y sírvala de inmediato.

Nutrición: calorías 226, grasa 8.4, fibra 3.3, carbohidratos 13.6, proteína 28.2

Sartén de lima y salmón

Tiempo de preparación: 10 minutos.
Tiempo de cocción: 20 minutos.
Porciones: 4

Ingredientes:
- 4 filetes de salmón, deshuesados
- 3 dientes de ajo picados
- 1 cebolla amarilla picada
- Pimienta negra al gusto
- 2 cucharadas de aceite de oliva
- Zumo de 1 lima
- 1 cucharada de ralladura de lima rallada
- 1 cucharada de tomillo picado

Direcciones:
1. Calienta una sartén con el aceite a fuego medio-alto, agrega la cebolla y el ajo, revuelve y sofríe por 5 minutos.
2. Agrega el pescado y cocínalo durante 3 minutos por cada lado.
3. Agrega el resto de los ingredientes, cocina todo por 10 minutos más, divide en platos y sirve para el almuerzo.

Nutrición: calorías 315, grasa 18.1, fibra 1.1, carbohidratos 4.9, proteína 35.1

Ensalada de papas

Tiempo de preparación: 10 minutos.
Tiempo de cocción: 20 minutos.
Porciones: 4

Ingredientes:
- 2 tomates picados
- 2 aguacates, sin hueso y picados
- 2 tazas de espinacas tiernas
- 2 cebolletas picadas
- 1 libra de papas doradas, hervidas, peladas y cortadas en gajos
- 1 cucharada de aceite de oliva
- 1 cucharada de jugo de limón
- 1 cebolla amarilla picada
- 2 dientes de ajo picados
- Pimienta negra al gusto
- 1 manojo de cilantro picado

Direcciones:
1. Calentar una sartén con el aceite a fuego medio-alto, agregar la cebolla, las cebolletas y el ajo, remover y sofreír por 5 minutos.
2. Agregue las papas, mezcle suavemente y cocine por 5 minutos más.
3. Agrega el resto de los ingredientes, revuelve, cocina a fuego medio por 10 minutos más, divide en tazones y sirve para el almuerzo.

Nutrición: calorías 342, grasa 23.4, fibra 11.7, carbohidratos 33.5, proteína 5

Sartén de Carne Molida y Tomate

Tiempo de preparación: 10 minutos.
Tiempo de cocción: 20 minutos.
Porciones: 4

Ingredientes:
- 1 libra de carne molida
- 1 cebolla morada picada
- 1 cucharada de aceite de oliva
- 1 taza de tomates cherry, cortados por la mitad
- ½ pimiento rojo picado
- Pimienta negra al gusto
- 1 cucharada de cebollino picado
- 1 cucharada de romero picado
- 3 cucharadas de caldo de res bajo en sodio

Direcciones:
1. Calentar una sartén con el aceite a fuego medio, agregar la cebolla y el pimiento morrón, remover y sofreír por 5 minutos.
2. Agrega la carne, revuelve y dórala por otros 5 minutos.
3. Agregue el resto de los ingredientes, mezcle, cocine por 10 minutos, divida en tazones y sirva para el almuerzo.

Nutrición: calorías 320, grasa 11.3, fibra 4.4, carbohidratos 18.4, proteína 9

Ensalada De Camarones Y Aguacate

Tiempo de preparación: 5 minutos.
Tiempo de cocción: 0 minutos.
Porciones: 4

Ingredientes:
- 1 naranja, pelada y cortada en gajos
- 1 libra de camarones, cocidos, pelados y desvenados
- 2 tazas de rúcula tierna
- 1 aguacate, sin hueso, pelado y cortado en cubos
- 2 cucharadas de aceite de oliva
- 2 cucharadas de vinagre balsámico
- Jugo de ½ naranja
- Sal y pimienta negra

Direcciones:
1. En una ensaladera, mezcle, combine los camarones con las naranjas y los demás ingredientes, mezcle y sirva para el almuerzo.

Nutrición: calorías 300, grasa 5.2, fibra 2, carbohidratos 11.4, proteína 6.7

Crema de brócoli

Tiempo de preparación: 10 minutos.
Tiempo de cocción: 40 minutos.
Porciones: 4

Ingredientes:
- 2 libras de floretes de brócoli
- 1 cebolla amarilla picada
- 1 cucharada de aceite de oliva
- Pimienta negra al gusto
- 2 dientes de ajo picados
- 3 tazas de caldo de res bajo en sodio
- 1 taza de leche de coco
- 2 cucharadas de cilantro picado

Direcciones:
1. Calentar una olla con el aceite a fuego medio, agregar la cebolla y el ajo, remover y sofreír por 5 minutos.
2. Agrega el brócoli y los demás ingredientes excepto la leche de coco, lleva a fuego lento y cocina a fuego medio por 35 minutos más.
3. Licúa la sopa con una batidora de inmersión, agrega la leche de coco, vuelve a pulir, divide en tazones y sirve.

Nutrición: calorías 330, grasa 11.2, fibra 9.1, carbohidratos 16.4, proteína 9.7

Sopa de repollo

Tiempo de preparación: 10 minutos.
Tiempo de cocción: 40 minutos.
Porciones: 4

Ingredientes:
- 1 repollo verde grande, rallado
- 1 cebolla amarilla picada
- 1 cucharada de aceite de oliva
- Pimienta negra al gusto
- 1 puerro picado
- 2 tazas de tomates enlatados, bajos en sodio
- 4 tazas de caldo de pollo, bajo en sodio
- 1 cucharada de cilantro picado

Direcciones:
1. Calentar una olla con el aceite a fuego medio, agregar la cebolla y el puerro, remover y cocinar por 5 minutos.
2. Agrega el repollo y el resto de los ingredientes excepto el cilantro, lleva a fuego lento y cocina a fuego medio por 35 minutos.
3. Sirva la sopa en tazones, espolvoree el cilantro encima y sirva.

Nutrición: calorías 340, grasa 11.7, fibra 6, carbohidratos 25.8, proteína 11.8

Sopa de apio y coliflor

Tiempo de preparación: 10 minutos.
Tiempo de cocción: 40 minutos.
Porciones: 4

Ingredientes:
- 2 libras de floretes de coliflor
- 1 cebolla morada picada
- 1 cucharada de aceite de oliva
- 1 taza de puré de tomate
- Pimienta negra al gusto
- 1 taza de apio picado
- 6 tazas de caldo de pollo bajo en sodio
- 1 cucharada de eneldo picado

Direcciones:
4. Calienta una olla con el aceite a fuego medio-alto, agrega la cebolla y el apio, revuelve y sofríe por 5 minutos.
5. Agrega la coliflor y el resto de los ingredientes, lleva a fuego lento y cocina a fuego medio por 35 minutos más.
6. Divida la sopa en tazones y sirva.

Nutrición: calorías 135, grasa 4, fibra 8, carbohidratos 21.4, proteína 7.7

Sopa de cerdo y puerros

Tiempo de preparación: 10 minutos.
Tiempo de cocción: 40 minutos.
Porciones: 4

Ingredientes:
- 1 libra de carne de estofado de cerdo, en cubos
- Pimienta negra al gusto
- 5 puerros picados
- 1 cebolla amarilla picada
- 2 cucharadas de aceite de oliva
- 1 cucharada de perejil picado
- 6 tazas de caldo de res bajo en sodio

Direcciones:
4. Calentar una olla con el aceite a fuego medio-alto, agregar la cebolla y los puerros, remover y sofreír por 5 minutos.
5. Agrega la carne, revuelve y dora por 5 minutos más.
6. Agrega el resto de los ingredientes, lleva a fuego lento y cocina a fuego medio durante 30 minutos.
7. Sirva la sopa en tazones y sírvala.

Nutrición: calorías 395, grasa 18,3, fibra 2,6, carbohidratos 18,4, proteína 38,2

Ensalada de brócoli y camarones a la menta

Tiempo de preparación: 5 minutos.
Tiempo de cocción: 20 minutos.
Porciones: 4

Ingredientes:
- 1/3 taza de caldo de verduras bajo en sodio
- 2 cucharadas de aceite de oliva
- 2 tazas de floretes de brócoli
- 1 libra de camarones, pelados y desvenados
- Pimienta negra al gusto
- 1 cebolla amarilla picada
- 4 tomates cherry, cortados por la mitad
- 2 dientes de ajo picados
- Jugo de ½ limón
- ½ taza de aceitunas kalamata, sin hueso y cortadas en mitades
- 1 cucharada de menta picada

Direcciones:
1. Calentar una sartén con el aceite a fuego medio-alto, agregar la cebolla y el ajo, remover y sofreír por 3 minutos.
2. Agrega los camarones, revuelve y cocina por 2 minutos más.
3. Agregue el brócoli y los demás ingredientes, mezcle, cocine todo durante 10 minutos, divida en tazones y sirva para el almuerzo.

Nutrición: calorías 270, grasa 11.3, fibra 4.1, carbohidratos 14.3, proteína 28.9

Sopa De Camarones Y Bacalao

Tiempo de preparación: 10 minutos.
Tiempo de cocción: 20 minutos.
Porciones: 4

Ingredientes:
- 1 cuarto de caldo de pollo bajo en sodio
- ½ libra de camarones, pelados y desvenados
- ½ libra de filetes de bacalao, deshuesados, sin piel y en cubos
- 2 cucharadas de aceite de oliva
- 2 cucharaditas de chile en polvo
- 1 cucharadita de pimentón dulce
- 2 chalotas picadas
- Una pizca de pimienta negra
- 1 cucharada de eneldo picado

Direcciones:
1. Calienta una olla con el aceite a fuego medio, agrega las chalotas, revuelve y sofríe por 5 minutos.
2. Agrega los camarones y el bacalao y cocina por 5 minutos más.
3. Agrega el resto de los ingredientes, lleva a fuego lento y cocina a fuego medio durante 10 minutos.
4. Divide la sopa en tazones y sirva.

Nutrición: calorías 189, grasa 8.8, fibra 0.8, carbohidratos 3.2, proteína 24.6

Mezcla de camarones y cebollas verdes

Tiempo de preparación: 10 minutos.
Tiempo de cocción: 10 minutos.
Porciones: 4

Ingredientes:
- 2 libras de camarones, pelados y desvenados
- 1 taza de tomates cherry, cortados por la mitad
- 1 cucharada de aceite de oliva
- 4 cebollas verdes picadas
- 1 cucharada de vinagre balsámico
- 1 cucharada de cebollino picado

Direcciones:
1. Calienta una sartén con el aceite a fuego medio, agrega la cebolla y los tomates cherry, revuelve y sofríe por 4 minutos.
2. Agrega los camarones y los demás ingredientes, cocina por 6 minutos más, divide en platos y sirve.

Nutrición: calorías 313, grasa 7.5, fibra 1, carbohidratos 6.4, proteína 52.4

Guiso de espinacas

Tiempo de preparación: 10 minutos.
Tiempo de cocción: 15 minutos.
Porciones: 4

Ingredientes:
- 1 cucharada de aceite de oliva
- 1 cucharadita de jengibre rallado
- 2 dientes de ajo picados
- 1 cebolla amarilla picada
- 2 tomates picados
- 1 taza de tomates enlatados, sin sal agregada
- 1 cucharadita de comino, molido
- Una pizca de pimienta negra
- 1 taza de caldo de verduras bajo en sodio
- 2 libras de hojas de espinaca

Direcciones:
1. Calentar una olla con el aceite a fuego medio, agregar el jengibre, el ajo y la cebolla, remover y sofreír por 5 minutos.
2. Agregue los tomates, los tomates enlatados y los demás ingredientes, mezcle suavemente, cocine a fuego lento y cocine por 10 minutos más.
3. Divida el guiso en tazones y sirva.

Nutrición: calorías 123, grasa 4.8, fibra 7.3, carbohidratos 17, proteína 8.2

Mezcla de coliflor al curry

Tiempo de preparación: 10 minutos.
Tiempo de cocción: 25 minutos.
Porciones: 4

Ingredientes:
- 1 cebolla morada picada
- 1 cucharada de aceite de oliva
- 2 dientes de ajo picados
- 1 pimiento rojo picado
- 1 pimiento verde picado
- 1 cucharada de jugo de lima
- 1 libra de floretes de coliflor
- 14 onzas de tomates enlatados, picados
- 2 cucharaditas de curry en polvo
- Una pizca de pimienta negra
- 2 tazas de crema de coco
- 1 cucharada de cilantro picado

Direcciones:
1. Calienta una olla con el aceite a fuego medio, agrega la cebolla y el ajo, revuelve y cocina por 5 minutos.
2. Agrega los pimientos morrones y los demás ingredientes, lleva todo a fuego lento y cocina a fuego medio durante 20 minutos.
3. Divida todo en tazones y sirva.

Nutrición: calorías 270, grasa 7.7, fibra 5.4, carbohidratos 12.9, proteína 7

Guiso de Zanahorias y Calabacín

Tiempo de preparación: 10 minutos.
Tiempo de cocción: 30 minutos.
Porciones: 4

Ingredientes:
- 1 cebolla amarilla picada
- 2 cucharadas de aceite de oliva
- 2 dientes de ajo picados
- 4 calabacines, en rodajas
- 2 zanahorias en rodajas
- 1 cucharadita de pimentón dulce
- ¼ de cucharadita de chile en polvo
- Una pizca de pimienta negra
- ½ taza de tomates picados
- 2 tazas de caldo de verduras bajo en sodio
- 1 cucharada de cebollino picado
- 1 cucharada de romero picado

Direcciones:
1. Calentar una olla con el aceite a fuego medio, agregar la cebolla y el ajo, remover y sofreír por 5 minutos.
2. Agrega los calabacines, las zanahorias y los demás ingredientes, lleva a fuego lento y cocina por 25 minutos más.
3. Divida el estofado en tazones y sirva de inmediato para el almuerzo.

Nutrición: calorías 272, grasa 4.6, fibra 4.7, carbohidratos 14.9, proteína 9

Guiso de Col y Judías Verdes

Tiempo de preparación: 10 minutos.
Tiempo de cocción: 25 minutos.
Porciones: 4

Ingredientes:
- 2 cucharadas de aceite de oliva
- 1 repollo morado, rallado
- 1 cebolla morada picada
- 1 libra de judías verdes, cortadas y cortadas por la mitad
- 2 dientes de ajo picados
- 7 onzas de tomates enlatados, picados sin sal agregada
- 2 tazas de caldo de verduras bajo en sodio
- Una pizca de pimienta negra
- 1 cucharada de eneldo picado

Direcciones:
1. Calentar una olla con el aceite, a fuego medio, agregar la cebolla y el ajo, remover y sofreír por 5 minutos.
2. Agregue el repollo y los demás ingredientes, revuelva, tape y cocine a fuego medio durante 20 minutos.
3. Dividir en tazones y servir para el almuerzo.

Nutrición: calorías 281, grasa 8.5, fibra 7.1, carbohidratos 14.9, proteína 6.7

Sopa De Champiñones Y Chile

Tiempo de preparación: 5 minutos.
Tiempo de cocción: 30 minutos.
Porciones: 4

Ingredientes:
- 1 cebolla amarilla picada
- 1 cucharada de aceite de oliva
- 1 ají rojo picado
- 1 cucharadita de chile en polvo
- ½ cucharadita de pimentón picante
- 4 dientes de ajo picados
- 1 libra de champiñones blancos, en rodajas
- 6 tazas de caldo de verduras bajo en sodio
- 1 taza de tomates picados
- ½ cucharada de perejil picado

Direcciones:
1. Calentar una olla con el aceite, a fuego medio, agregar la cebolla, el ají, el pimentón picante, el ají en polvo y el ajo, remover y sofreír por 5 minutos.
2. Agrega los champiñones, revuelve y cocina por 5 minutos más.
3. Agrega el resto de los ingredientes, lleva a fuego lento y cocina a fuego medio durante 20 minutos.
4. Divida la sopa en tazones y sirva.

Nutrición: calorías 290, grasa 6.6, fibra 4.6, carbohidratos 16.9, proteína 10

Carne de cerdo con chile

Tiempo de preparación: 10 minutos.
Tiempo de cocción: 30 minutos.
Porciones: 4

Ingredientes:
- 2 libras de carne de cerdo para estofado, en cubos
- 2 cucharadas de pasta de chile
- 1 cebolla amarilla picada
- 2 dientes de ajo picados
- 1 cucharada de aceite de oliva
- 2 tazas de caldo de res bajo en sodio
- 1 cucharada de orégano picado

Direcciones:
1. Calentar una olla con el aceite, a fuego medio-alto, agregar la cebolla y el ajo, remover y sofreír por 5 minutos.
2. Agrega la carne y dórala por 5 minutos más.
3. Agrega el resto de los ingredientes, lleva a fuego lento y cocina a fuego medio por 20 minutos más.
4. Divida la mezcla en tazones y sirva.

Nutrición: calorías 363, grasa 8.6, fibra 7, carbohidratos 17.3, proteína 18.4

Ensalada De Champiñones Con Pimentón Y Salmón

Tiempo de preparación: 10 minutos.
Tiempo de cocción: 20 minutos.
Porciones: 4

Ingredientes:
- 10 onzas de salmón ahumado, bajo en sodio, deshuesado, sin piel y en cubos
- 2 cebollas verdes picadas
- 2 chiles rojos picados
- 1 cucharada de aceite de oliva
- ½ cucharadita de orégano seco
- ½ cucharadita de pimentón ahumado
- Una pizca de pimienta negra
- 8 onzas de champiñones blancos, en rodajas
- 1 cucharada de jugo de limón
- 1 taza de aceitunas negras, sin hueso y cortadas por la mitad
- 1 cucharada de perejil picado

Direcciones:
1. Calienta una sartén con el aceite a fuego medio, agrega las cebollas y los chiles, revuelve y cocina por 4 minutos.
2. Agrega los champiñones, revuelve y sofríe durante 5 minutos.

3. Agrega el salmón y los demás ingredientes, revuelve, cocina todo por 10 minutos más, divide en tazones y sirve para el almuerzo.

Nutrición: calorías 321, grasa 8.5, fibra 8, carbohidratos 22.2, proteína 13.5

Mezcla de garbanzos y patatas

Tiempo de preparación: 10 minutos.
Tiempo de cocción: 30 minutos.
Porciones: 4

Ingredientes:
- 2 cucharadas de aceite de oliva
- 1 taza de garbanzos enlatados, sin sal agregada, escurridos y enjuagados
- 1 libra de batatas, peladas y cortadas en gajos
- 4 dientes de ajo picados
- 2 chalotas picadas
- 1 taza de tomates enlatados, sin sal y picados
- 1 cucharadita de cilantro molido
- 2 tomates picados
- 1 taza de caldo de verduras bajo en sodio
- Una pizca de pimienta negra
- 1 cucharada de jugo de limón
- 1 cucharada de cilantro picado

Direcciones:
1. Calentar una olla con el aceite a fuego medio, agregar las chalotas y el ajo, remover y sofreír por 5 minutos.
2. Agrega los garbanzos, las papas y los demás ingredientes, lleva a fuego lento y cocina a fuego medio durante 25 minutos.
3. Divida todo en tazones y sirva para el almuerzo.

Nutrición: calorías 341, grasa 11.7, fibra 6, carbohidratos 14.9, proteína 18.7

Mezcla de pollo con cardamomo

Tiempo de preparación: 10 minutos.
Tiempo de cocción: 30 minutos.
Porciones: 4

Ingredientes:
- 1 cucharada de aceite de oliva
- 1 libra de pechuga de pollo, sin piel, deshuesada y en cubos
- 1 chalota picada
- 1 cucharada de jengibre rallado
- 2 dientes de ajo picados
- 1 cucharadita de cardamomo, molido
- ½ cucharadita de cúrcuma en polvo
- 1 cucharadita de jugo de lima
- 1 taza de caldo de pollo bajo en sodio
- 1 cucharada de cilantro picado

Direcciones:
1. Calentar una olla con el aceite a fuego medio-alto, agregar la chalota, el jengibre, el ajo, el cardamomo y la cúrcuma, remover y sofreír por 5 minutos.
2. Agrega la carne y dórala por 5 minutos.
3. Agrega el resto de los ingredientes, lleva todo a fuego lento y cocina por 20 minutos.
4. Divida la mezcla en tazones y sirva.

Nutrición: calorías 175, grasa 6.5, fibra 0.5, carbohidratos 3.3, proteína 24.7

Chile de Lentejas

Tiempo de preparación: 10 minutos.
Tiempo de cocción: 35 minutos.
Porciones: 6

Ingredientes:
- 1 pimiento verde picado
- 1 cucharada de aceite de oliva
- 2 cebolletas picadas
- 2 dientes de ajo picados
- 24 onzas de lentejas enlatadas, sin sal agregada, escurridas y enjuagadas
- 2 tazas de caldo de verduras
- 2 cucharadas de chile en polvo, suave
- ½ cucharadita de chipotle en polvo
- 30 onzas de tomates enlatados, sin sal agregada, picados
- Una pizca de pimienta negra

Direcciones:
1. Calentar una olla con el aceite a fuego medio, agregar la cebolla y el ajo, remover y sofreír por 5 minutos.
2. Agrega el pimiento morrón, las lentejas y los demás ingredientes, lleva a fuego lento y cocina a fuego medio durante 30 minutos.
3. Divida el chile en tazones y sirva para el almuerzo.

Nutrición: calorías 466, grasa 5, fibra 37.6, carbohidratos 77.9, proteína 31.2

Endivias de Romero

Tiempo de preparación: 10 minutos.
Tiempo de cocción: 20 minutos.
Porciones: 4

Ingredientes:
- 2 endivias, cortadas a la mitad a lo largo
- 2 cucharadas de aceite de oliva
- 1 cucharadita de romero seco
- ½ cucharadita de cúrcuma en polvo
- Una pizca de pimienta negra

Direcciones:
1. En un molde para hornear, combine las endivias con el aceite y los demás ingredientes, mezcle suavemente, introduzca en el horno y hornee a 400 grados F por 20 minutos.
2. Dividir entre platos y servir como guarnición.

Nutrición: calorías 66, grasa 7.1, fibra 1, carbohidratos 1.2, proteína 0.3

Endivias de limón

Tiempo de preparación: 10 minutos.
Tiempo de cocción: 20 minutos.
Porciones: 4

Ingredientes:
- 4 endivias, cortadas a la mitad a lo largo
- 1 cucharada de jugo de limón
- 1 cucharada de ralladura de limón rallada
- 2 cucharadas de parmesano sin grasa rallado
- 2 cucharadas de aceite de oliva
- Una pizca de pimienta negra

Direcciones:
1. En una fuente para horno, combine las endivias con el jugo de limón y los demás ingredientes excepto el parmesano y mezcle.
2. Espolvoree el parmesano encima, hornee las endivias a 400 grados F durante 20 minutos, divida entre platos y sirva como guarnición.

Nutrición: calorías 71, grasa 7.1, fibra 0.9, carbohidratos 2.3, proteína 0.9

Espárragos al pesto

Tiempo de preparación: 10 minutos.
Tiempo de cocción: 20 minutos.
Porciones: 4

Ingredientes:
- 1 libra de espárragos, cortados
- 2 cucharadas de pesto de albahaca
- 1 cucharada de jugo de limón
- Una pizca de pimienta negra
- 3 cucharadas de aceite de oliva
- 2 cucharadas de cilantro picado

Direcciones:
1. Acomodar los espárragos en una bandeja para hornear forrada, agregar el pesto y los demás ingredientes, mezclar, introducir en el horno y cocinar a 400 grados F por 20 minutos.
2. Dividir entre platos y servir como guarnición.

Nutrición: calorías 114, grasa 10.7, fibra 2.4, carbohidratos 4.6, proteína 2.6

Zanahorias con pimentón

Tiempo de preparación: 10 minutos.
Tiempo de cocción: 30 minutos.
Porciones: 4

Ingredientes:
- 1 libra de zanahorias pequeñas, cortadas
- 1 cucharada de pimentón dulce
- 1 cucharadita de jugo de lima
- 3 cucharadas de aceite de oliva
- Una pizca de pimienta negra
- 1 cucharadita de ajonjolí

Direcciones:
1. Coloque las zanahorias en una bandeja para hornear forrada, agregue el pimentón y los demás ingredientes excepto las semillas de sésamo, mezcle, introduzca en el horno y hornee a 400 grados F durante 30 minutos.
2. Divida las zanahorias entre platos, espolvoree semillas de sésamo por encima y sirva como guarnición.

Nutrición: calorías 142, grasa 11.3, fibra 4.1, carbohidratos 11.4, proteína 1.2

Sartén cremosa de patatas

Tiempo de preparación: 10 minutos.
Tiempo de cocción: 1 hora.
Porciones: 8

Ingredientes:
- 1 libra de papas doradas, peladas y cortadas en gajos
- 2 cucharadas de aceite de oliva
- 1 cebolla morada picada
- 2 dientes de ajo picados
- 2 tazas de crema de coco
- 1 cucharada de tomillo picado
- ¼ de cucharadita de nuez moscada molida
- ½ taza de parmesano rallado bajo en grasa

Direcciones:
1. Calentar una sartén con el aceite a fuego medio, agregar la cebolla y el ajo y sofreír por 5 minutos.
2. Agrega las papas y dóralas por 5 minutos más.
3. Agrega la nata y el resto de los ingredientes, revuelve suavemente, lleva a fuego lento y cocina a fuego medio por 40 minutos más.
4. Divida la mezcla entre platos y sirva como guarnición.

Nutrición: calorías 230, grasa 19.1, fibra 3.3, carbohidratos 14.3, proteína 3.6

Repollo de sésamo

Tiempo de preparación: 10 minutos.
Tiempo de cocción: 20 minutos.
Porciones: 4

Ingredientes:
- 1 libra de repollo verde, desmenuzado
- 2 cucharadas de aceite de oliva
- Una pizca de pimienta negra
- 1 chalota picada
- 2 dientes de ajo picados
- 2 cucharadas de vinagre balsámico
- 2 cucharaditas de pimentón picante
- 1 cucharadita de ajonjolí

Direcciones:
1. Calentar una sartén con el aceite a fuego medio, agregar la chalota y el ajo y sofreír por 5 minutos.
2. Agrega el repollo y los demás ingredientes, revuelve, cocina a fuego medio por 15 minutos, divide en platos y sirve.

Nutrición: calorías 101, grasa 7.6, fibra 3.4, carbohidratos 84, proteína 1.9

Brócoli con cilantro

Tiempo de preparación: 10 minutos.
Tiempo de cocción: 30 minutos.
Porciones: 4

Ingredientes:
- 2 cucharadas de aceite de oliva
- 1 libra de floretes de brócoli
- 2 dientes de ajo picados
- 2 cucharadas de salsa de chile
- 1 cucharada de jugo de limón
- Una pizca de pimienta negra
- 2 cucharadas de cilantro picado

Direcciones:
1. En un molde para hornear, combine el brócoli con el aceite, el ajo y los demás ingredientes, mezcle un poco, introduzca en el horno y hornee a 400 grados F por 30 minutos.
2. Divida la mezcla entre platos y sirva como guarnición.

Nutrición: calorías 103, grasa 7.4, fibra 3, carbohidratos 8.3, proteína 3.4

Coles de Bruselas con chile

Tiempo de preparación: 10 minutos.
Tiempo de cocción: 25 minutos.
Porciones: 4

Ingredientes:
- 1 cucharada de aceite de oliva
- 1 libra de coles de Bruselas, cortadas y cortadas por la mitad
- 2 dientes de ajo picados
- ½ taza de mozzarella descremada, rallada
- Una pizca de hojuelas de pimienta, triturada

Direcciones:
1. En una fuente para hornear, combine los brotes con el aceite y los otros ingredientes excepto el queso y mezcle.
2. Espolvorea el queso por encima, introduce en el horno y hornea a 400 grados F por 25 minutos.
3. Dividir entre platos y servir como guarnición.

Nutrición: calorías 91, grasa 4.5, fibra 4.3, carbohidratos 10.9, proteína 5

Mezcla de coles de Bruselas y cebollas verdes

Tiempo de preparación: 10 minutos.
Tiempo de cocción: 25 minutos.
Porciones: 4

Ingredientes:
- 2 cucharadas de aceite de oliva
- 1 libra de coles de Bruselas, cortadas y cortadas por la mitad
- 3 cebollas verdes picadas
- 2 dientes de ajo picados
- 1 cucharada de vinagre balsámico
- 1 cucharada de pimentón dulce
- Una pizca de pimienta negra

Direcciones:
1. En una bandeja para hornear, combine las coles de Bruselas con el aceite y los otros ingredientes, mezcle y hornee a 400 grados F durante 25 minutos.
2. Divida la mezcla entre platos y sirva.

Nutrición: calorías 121, grasa 7.6, fibra 5.2, carbohidratos 12.7, proteína 4.4

Puré de coliflor

Tiempo de preparación: 10 minutos.
Tiempo de cocción: 25 minutos.
Porciones: 4

Ingredientes:
- 2 libras de floretes de coliflor
- ½ taza de leche de coco
- Una pizca de pimienta negra
- ½ taza de crema agria baja en grasa
- 1 cucharada de cilantro picado
- 1 cucharada de cebollino picado

Direcciones:
1. Pon la coliflor en una olla, agrega agua para tapar, lleva a ebullición a fuego medio, cocina por 25 minutos y escurre.
2. Triturar la coliflor, añadir la leche, la pimienta negra y la nata, batir bien, repartir en platos, espolvorear por encima el resto de los ingredientes y servir.

Nutrición: calorías 188, grasa 13.4, fibra 6.4, carbohidratos 15, proteína 6.1

Ensalada de aguacate

Tiempo de preparación: 5 minutos.
Tiempo de cocción: 0 minutos.
Porciones: 4

Ingredientes:
- 2 cucharadas de aceite de oliva
- 2 aguacates, pelados, sin hueso y cortados en gajos
- 1 taza de aceitunas kalamata, sin hueso y cortadas por la mitad
- 1 taza de tomates en cubos
- 1 cucharada de jengibre rallado
- Una pizca de pimienta negra
- 2 tazas de rúcula tierna
- 1 cucharada de vinagre balsámico

Direcciones:
1. En un bol, combine los aguacates con la kalamata y los demás ingredientes, mezcle y sirva como guarnición.

Nutrición: calorías 320, grasa 30.4, fibra 8.7, carbohidratos 13.9, proteína 3

Ensalada de rábano

Tiempo de preparación: 5 minutos.
Tiempo de cocción: 0 minutos.
Porciones: 4

Ingredientes:
- 2 cebollas verdes, en rodajas
- 1 libra de rábanos, en cubos
- 2 cucharadas de vinagre balsámico
- 2 cucharadas de aceite de oliva
- 1 cucharadita de chile en polvo
- 1 taza de aceitunas negras, sin hueso y cortadas por la mitad
- Una pizca de pimienta negra

Direcciones:
1. En una ensaladera grande, combine los rábanos con las cebollas y los otros ingredientes, mezcle y sirva como guarnición.

Nutrición: calorías 123, grasa 10.8, fibra 3.3, carbohidratos 7, proteína 1.3

Ensalada de endivias al limón

Tiempo de preparación: 5 minutos.
Tiempo de cocción: 0 minutos.
Porciones: 4

Ingredientes:
- 2 endivias, ralladas
- 1 cucharada de eneldo picado
- ¼ de taza de jugo de limón
- ¼ taza de aceite de oliva
- 2 tazas de espinacas tiernas
- 2 tomates, en cubos
- 1 pepino en rodajas
- ½ taza de nueces picadas

Direcciones:
1. En un tazón grande, combine las endivias con las espinacas y los demás ingredientes, mezcle y sirva como guarnición.

Nutrición: calorías 238, grasa 22,3, fibra 3,1, carbohidratos 8,4, proteína 5,7

Mezcla de Aceitunas y Maíz

Tiempo de preparación: 5 minutos.
Tiempo de cocción: 0 minutos.
Porciones: 4

Ingredientes:
- 2 cucharadas de aceite de oliva
- 1 cucharada de vinagre balsámico
- Una pizca de pimienta negra
- 4 tazas de maíz
- 2 tazas de aceitunas negras, sin hueso y cortadas por la mitad
- 1 cebolla morada picada
- ½ taza de tomates cherry, cortados por la mitad
- 1 cucharada de albahaca picada
- 1 cucharada de jalapeño picado
- 2 tazas de lechuga romana, rallada

Direcciones:
1. En un tazón grande, combine el maíz con las aceitunas, la lechuga y los demás ingredientes, mezcle bien, divida en platos y sirva como guarnición.

Nutrición: calorías 290, grasa 16.1, fibra 7.4, carbohidratos 37.6, proteína 6.2

Ensalada de rúcula y piñones

Tiempo de preparación: 5 minutos.
Tiempo de cocción: 0 minutos.
Porciones: 4

Ingredientes:
- ¼ de taza de semillas de granada
- 5 tazas de rúcula tierna
- 6 cucharadas de cebollas verdes picadas
- 1 cucharada de vinagre balsámico
- 2 cucharadas de aceite de oliva
- 3 cucharadas de piñones
- ½ chalota picada

Direcciones:
1. En una ensaladera, combine la rúcula con la granada y los demás ingredientes, mezcle y sirva.

Nutrición: calorías 120, grasa 11.6, fibra 0.9, carbohidratos 4.2, proteína 1.8

Almendras y espinacas

Tiempo de preparación: 10 minutos.
Tiempo de cocción: 0 minutos.
Porciones: 4

Ingredientes:
- 2 cucharadas de aceite de oliva
- 2 aguacates, pelados, sin hueso y cortados en gajos
- 3 tazas de espinacas tiernas
- ¼ de taza de almendras tostadas y picadas
- 1 cucharada de jugo de limón
- 1 cucharada de cilantro picado

Direcciones:
1. En un bol, combine los aguacates con las almendras, las espinacas y los demás ingredientes, mezcle y sirva como guarnición.

Nutrición: calorías 181, grasa 4, fibra 4.8, carbohidratos 11.4, proteína 6

Ensalada de Frijoles Verdes y Maíz

Tiempo de preparación: 4 minutos.
Tiempo de cocción: 0 minutos.
Porciones: 4

Ingredientes:
- Zumo de 1 lima
- 2 tazas de lechuga romana, rallada
- 1 taza de maíz
- ½ libra de ejotes, blanqueados y cortados por la mitad
- 1 pepino picado
- 1/3 taza de cebollino picado

Direcciones:
1. En un bol, combine las judías verdes con el maíz y los demás ingredientes, mezcle y sirva.

Nutrición: calorías 225, grasa 12, fibra 2.4, carbohidratos 11.2, proteína 3.5

Ensalada de endivias y col rizada

Tiempo de preparación: 4 minutos.
Tiempo de cocción: 0 minutos.
Porciones: 4

Ingredientes:
- 3 cucharadas de aceite de oliva
- 2 endivias, cortadas y ralladas
- 2 cucharadas de jugo de lima
- 1 cucharada de ralladura de lima rallada
- 1 cebolla morada en rodajas
- 1 cucharada de vinagre balsámico
- 1 libra de col rizada, desgarrada
- Una pizca de pimienta negra

Direcciones:
1. En un bol, combine las endivias con la col rizada y los demás ingredientes, mezcle bien y sirva frío como guarnición.

Nutrición: calorías 270, grasa 11.4, fibra 5, carbohidratos 14.3, proteína 5.7

Ensalada Edamame

Tiempo de preparación: 5 minutos.
Tiempo de cocción: 6 minutos.
Porciones: 4

Ingredientes:
- 2 cucharadas de aceite de oliva
- 2 cucharadas de vinagre balsámico
- 2 dientes de ajo picados
- 3 tazas de edamame, sin cáscara
- 1 cucharada de cebollino picado
- 2 chalotas picadas

Direcciones:
1. Calentar una sartén con el aceite a fuego medio, agregar el edamame, el ajo y los demás ingredientes, remover, cocinar por 6 minutos, repartir en platos y servir.

Nutrición: calorías 270, grasa 8.4, fibra 5.3, carbohidratos 11.4, proteína 6

Ensalada de uvas y aguacates

Tiempo de preparación: 5 minutos.
Tiempo de cocción: 0 minutos.
Porciones: 4

Ingredientes:
- 2 tazas de espinacas tiernas
- 2 aguacates, pelados, sin hueso y cortados en cubos
- 1 pepino en rodajas
- 1 y ½ tazas de uvas verdes, cortadas por la mitad
- 2 cucharadas de aceite de aguacate
- 1 cucharada de vinagre de sidra
- 2 cucharadas de perejil picado
- Una pizca de pimienta negra

Direcciones:
1. En una ensaladera, combine las espinacas tiernas con los aguacates y los demás ingredientes, mezcle y sirva.

Nutrición: calorías 277, grasa 11.4, fibra 5, carbohidratos 14.6, proteína 4

Mezcla de berenjena con orégano

Tiempo de preparación: 10 minutos.
Tiempo de cocción: 20 minutos.
Porciones: 4

Ingredientes:
- 2 berenjenas grandes, cortadas en cubos
- 1 cucharada de orégano picado
- ½ taza de parmesano rallado bajo en grasa
- ¼ de cucharadita de ajo en polvo
- 2 cucharadas de aceite de oliva
- Una pizca de pimienta negra

Direcciones:
1. En un molde para hornear combine las berenjenas con el orégano y los demás ingredientes excepto el queso y mezcle.
2. Espolvoree parmesano encima, introduzca en el horno y hornee a 370 grados F durante 20 minutos.
3. Dividir entre platos y servir como guarnición.

Nutrición: calorías 248, grasa 8.4, fibra 4, carbohidratos 14.3, proteína 5.4

Mezcla de tomates al horno

Tiempo de preparación: 10 minutos.
Tiempo de cocción: 20 minutos.
Porciones: 4

Ingredientes:
- 2 libras de tomates, cortados por la mitad
- 1 cucharada de albahaca picada
- 3 cucharadas de aceite de oliva
- Ralladura de 1 limón rallado
- 3 dientes de ajo picados
- ¼ taza de parmesano bajo en grasa, rallado
- Una pizca de pimienta negra

Direcciones:
1. En un molde para hornear, combine los tomates con la albahaca y los demás ingredientes excepto el queso y mezcle.
2. Espolvoree el parmesano por encima, introduzca en el horno a 375 grados F durante 20 minutos, divida entre platos y sirva como guarnición.

Nutrición: calorías 224, grasa 12, fibra 4.3, carbohidratos 10.8, proteína 5.1

Setas de tomillo

Tiempo de preparación: 10 minutos.
Tiempo de cocción: 30 minutos.
Porciones: 4

Ingredientes:
- 2 libras de champiñones blancos, cortados por la mitad
- 4 dientes de ajo picados
- 2 cucharadas de aceite de oliva
- 1 cucharada de tomillo picado
- 2 cucharadas de perejil picado
- Pimienta negra al gusto

Direcciones:
1. En un molde para hornear, combine los champiñones con el ajo y los demás ingredientes, mezcle, introduzca en el horno y cocine a 400 grados F durante 30 minutos.
2. Dividir entre platos y servir como guarnición.

Nutrición: calorías 251, grasa 9.3, fibra 4, carbohidratos 13.2, proteína 6

Salteado de Espinacas y Maíz

Tiempo de preparación: 10 minutos.
Tiempo de cocción: 15 minutos.
Porciones: 4

Ingredientes:
- 1 taza de maíz
- 1 libra de hojas de espinaca
- 1 cucharadita de pimentón dulce
- 1 cucharada de aceite de oliva
- 1 cebolla amarilla picada
- ½ taza de albahaca, picada
- Una pizca de pimienta negra
- ½ cucharadita de hojuelas de pimiento rojo

Direcciones:
1. Calienta una sartén con el aceite a fuego medio-alto, agrega la cebolla, revuelve y sofríe por 5 minutos.
2. Agrega el elote, la espinaca y los demás ingredientes, revuelve, cocina a fuego medio por 10 minutos más, divide en platos y sirve.

Nutrición: calorías 201, grasa 13.1, fibra 2.5, carbohidratos 14.4, proteína 3.7

Salteado de Maíz y Cebolletas

Tiempo de preparación: 10 minutos.
Tiempo de cocción: 15 minutos.
Porciones: 4

Ingredientes:
- 4 tazas de maíz
- 1 cucharada de aceite de aguacate
- 2 chalotas picadas
- 1 cucharadita de chile en polvo
- 2 cucharadas de pasta de tomate, sin sal agregada
- 3 cebolletas picadas
- Una pizca de pimienta negra

Direcciones:
1. Calienta una sartén con el aceite a fuego medio-alto, agrega las cebolletas y el chile en polvo, revuelve y sofríe por 5 minutos.
2. Agrega el maíz y los demás ingredientes, revuelve, cocina por 10 minutos más, divide en platos y sirve como guarnición.

Nutrición: calorías 259, grasa 11.1, fibra 2.6, carbohidratos 13.2, proteína 3.5

Ensalada de espinacas y mango

Tiempo de preparación: 10 minutos.
Tiempo de cocción: 0 minutos.
Porciones: 4

Ingredientes:
- 1 taza de mango, pelado y cortado en cubos
- 4 tazas de espinacas tiernas
- 1 cucharada de aceite de oliva
- 2 cebolletas picadas
- 1 cucharada de jugo de limón
- 1 cucharada de alcaparras, escurridas, sin sal agregada
- 1/3 taza de almendras picadas

Direcciones:
1. En un bol mezclar las espinacas con el mango y los demás ingredientes, mezclar y servir.

Nutrición: calorías 200, grasa 7.4, fibra 3, carbohidratos 4.7, proteína 4.4

Patatas Mostaza

Tiempo de preparación: 5 minutos.
Tiempo de cocción: 1 hora.
Porciones: 4

Ingredientes:
- 1 libra de papas doradas, peladas y cortadas en gajos
- 2 cucharadas de aceite de oliva
- Una pizca de pimienta negra
- 2 cucharadas de romero picado
- 1 cucharada de mostaza de Dijon
- 2 dientes de ajo picados

Direcciones:
1. En una bandeja para hornear, combine las papas con el aceite y los demás ingredientes, mezcle, introduzca en el horno a 400 grados F y hornee por aproximadamente 1 hora.
2. Divida entre platos y sirva como guarnición de inmediato.

Nutrición: calorías 237, grasa 11.5, fibra 6.4, carbohidratos 14.2, proteína 9

Coles de Bruselas de coco

Tiempo de preparación: 5 minutos.
Tiempo de cocción: 30 minutos.
Porciones: 4

Ingredientes:
- 1 libra de coles de Bruselas, cortadas y cortadas por la mitad
- 1 taza de crema de coco
- 1 cucharada de aceite de oliva
- 2 chalotas picadas
- Una pizca de pimienta negra
- ½ taza de anacardos picados

Direcciones:
1. En una fuente para asar, combine los brotes con la crema y el resto de los ingredientes, mezcle y hornee en el horno durante 30 minutos a 350 grados F.
2. Dividir entre platos y servir como guarnición.

Nutrición: calorías 270, grasa 6.5, fibra 5.3, carbohidratos 15.9, proteína 3.4

Zanahorias de salvia

Tiempo de preparación: 10 minutos.
Tiempo de cocción: 30 minutos.
Porciones: 4

Ingredientes:
- 2 cucharadas de aceite de oliva
- 2 cucharaditas de pimentón dulce
- 1 libra de zanahorias, peladas y cortadas en cubos
- 1 cebolla morada picada
- 1 cucharada de salvia picada
- Una pizca de pimienta negra

Direcciones:
1. En una bandeja para hornear, combine las zanahorias con el aceite y los otros ingredientes, mezcle y hornee a 380 grados F durante 30 minutos.
2. Dividir en platos y servir.

Nutrición: calorías 200, grasa 8.7, fibra 2.5, carbohidratos 7.9, proteína 4

Hongos con ajo y maíz

Tiempo de preparación: 10 minutos.
Tiempo de cocción: 20 minutos.
Porciones: 4

Ingredientes:
- 1 libra de champiñones blancos, cortados por la mitad
- 2 tazas de maíz
- 2 cucharadas de aceite de oliva
- 4 dientes de ajo picados
- 1 taza de tomates enlatados, sin sal agregada, picados
- Una pizca de pimienta negra
- ½ cucharadita de chile en polvo

Direcciones:
1. Calentar una sartén con el aceite a fuego medio, agregar los champiñones, el ajo y el elote, remover y sofreír por 10 minutos.
2. Agrega el resto de los ingredientes, revuelve, cocina a fuego medio por 10 minutos más, divide en platos y sirve.

Nutrición: calorías 285, grasa 13, fibra 2.2, carbohidratos 14.6, proteína 6.7.

Judías verdes al pesto

Tiempo de preparación: 10 minutos.
Tiempo de cocción: 15 minutos.
Porciones: 4

Ingredientes:
- 2 cucharadas de pesto de albahaca
- 2 cucharaditas de pimentón dulce
- 1 libra de judías verdes, cortadas y cortadas por la mitad
- Jugo de 1 limón
- 2 cucharadas de aceite de oliva
- 1 cebolla morada en rodajas
- Una pizca de pimienta negra

Direcciones:
1. Calienta una sartén con el aceite a fuego medio-alto, agrega la cebolla, revuelve y sofríe por 5 minutos.
2. Agrega los frijoles y el resto de los ingredientes, revuelve, cocina a fuego medio durante 10 minutos, divide en platos y sirve.

Nutrición: calorías 280, grasa 10, fibra 7.6, carbohidratos 13.9, proteína 4.7

Tomates al estragón

Tiempo de preparación: 5 minutos.
Tiempo de cocción: 0 minutos.
Porciones: 4

Ingredientes:
- 1 y ½ cucharada de aceite de oliva
- 1 libra de tomates, cortados en gajos
- 1 cucharada de jugo de lima
- 1 cucharada de ralladura de lima rallada
- 2 cucharadas de estragón picado
- Una pizca de pimienta negra

Direcciones:
1. En un tazón, combine los tomates con los otros ingredientes, mezcle y sirva como ensalada.

Nutrición: calorías 170, grasa 4, fibra 2.1, carbohidratos 11.8, proteínas 6

Remolacha de almendras

Tiempo de preparación: 10 minutos.
Tiempo de cocción: 30 minutos.
Porciones: 4

Ingredientes:
- 4 remolachas, peladas y cortadas en gajos
- 3 cucharadas de aceite de oliva
- 2 cucharadas de almendras picadas
- 2 cucharadas de vinagre balsámico
- Una pizca de pimienta negra
- 2 cucharadas de perejil picado

Direcciones:
1. En un molde para hornear, combine las remolachas con el aceite y los demás ingredientes, mezcle, introduzca en el horno y hornee a 400 grados F durante 30 minutos.
2. Divida la mezcla entre platos y sirva.

Nutrición: calorías 230, grasa 11, fibra 4.2, carbohidratos 7.3, proteína 3.6

Tomates Menta y Maíz

Tiempo de preparación: 5 minutos.
Tiempo de cocción: 0 minutos.
Porciones: 4

Ingredientes:
- 2 cucharadas de menta picada
- 1 libra de tomates, cortados en gajos
- 2 tazas de maíz
- 2 cucharadas de aceite de oliva
- 1 cucharada de vinagre de romero
- Una pizca de pimienta negra

Direcciones:
1. En una ensaladera, combine los tomates con el elote y los demás ingredientes, mezcle y sirva.

¡Disfrutar!

Nutrición: calorías 230, grasa 7.2, fibra 2, carbohidratos 11.6, proteína 4

Salsa de Calabacín y Aguacate

Tiempo de preparación: 5 minutos.
Tiempo de cocción: 10 minutos.
Porciones: 4

Ingredientes:
- 2 cucharadas de aceite de oliva
- 2 calabacines, en cubos
- 1 aguacate, pelado, sin hueso y en cubos
- 2 tomates, en cubos
- 1 pepino en cubos
- 1 cebolla amarilla picada
- 2 cucharadas de jugo de lima fresco
- 2 cucharadas de cilantro picado

Direcciones:
1. Calienta una sartén con el aceite a fuego medio, agrega la cebolla y los calabacines, revuelve y cocina por 5 minutos.
2. Agrega el resto de los ingredientes, mezcla, cocina por 5 minutos más, divide en platos y sirve.

Nutrición: calorías 290, grasa 11.2, fibra 6.1, carbohidratos 14.7, proteína 5.6

Mezcla de manzanas y repollo

Tiempo de preparación: 5 minutos.
Tiempo de cocción: 0 minutos.
Porciones: 4

Ingredientes:
- 2 manzanas verdes, sin corazón y en cubos
- 1 repollo morado, rallado
- 2 cucharadas de vinagre balsámico
- ½ cucharadita de semillas de alcaravea
- 2 cucharadas de aceite de oliva
- Pimienta negra al gusto

Direcciones:
1. En un tazón, combine el repollo con las manzanas y los otros ingredientes, mezcle y sirva como ensalada.

Nutrición: calorías 165, grasa 7.4, fibra 7.3, carbohidratos 26, proteína 2.6

Remolacha asada

Tiempo de preparación: 10 minutos.
Tiempo de cocción: 30 minutos.
Porciones: 4

Ingredientes:
- 4 remolachas, peladas y cortadas en gajos
- 2 cucharadas de aceite de oliva
- 2 dientes de ajo picados
- Una pizca de pimienta negra
- ¼ taza de perejil picado
- ¼ de taza de nueces picadas

Direcciones:
1. En una fuente para hornear, combine las remolachas con el aceite y los demás ingredientes, mezcle para cubrir, introduzca en el horno a 420 grados F, hornee por 30 minutos, divida en platos y sirva como guarnición.

Nutrición: calorías 156, grasa 11.8, fibra 2.7, carbohidratos 11.5, proteína 3.8

Repollo al eneldo

Tiempo de preparación: 10 minutos.
Tiempo de cocción: 15 minutos.
Porciones: 4

Ingredientes:
- 1 libra de repollo verde, rallado
- 1 cebolla amarilla picada
- 1 tomate en cubos
- 1 cucharada de eneldo picado
- Una pizca de pimienta negra
- 1 cucharada de aceite de oliva

Direcciones:
1. Calienta una sartén con el aceite a fuego medio, agrega la cebolla y sofríe por 5 minutos.
2. Agrega la col y el resto de los ingredientes, revuelve, cocina a fuego medio por 10 minutos, divide en platos y sirve.

Nutrición: calorías 74, grasa 3.7, fibra 3.7, carbohidratos 10.2, proteína 2.1

Ensalada de repollo y zanahoria

Tiempo de preparación: 5 minutos.
Tiempo de cocción: 0 minutos.
Porciones: 4

Ingredientes:
- 2 chalotas picadas
- 2 zanahorias ralladas
- 1 repollo morado grande, rallado
- 1 cucharada de aceite de oliva
- 1 cucharada de vinagre rojo
- Una pizca de pimienta negra
- 1 cucharada de jugo de lima

Direcciones:
1. En un bol, mezcle el repollo con las chalotas y los demás ingredientes, mezcle y sirva como guarnición.

Nutrición: calorías 106, grasa 3.8, fibra 6.5, carbohidratos 18, proteína 3.3

Salsa de Tomate y Aceitunas

Tiempo de preparación: 10 minutos.
Tiempo de cocción: 0 minutos.
Porciones: 6

Ingredientes:
- 1 libra de tomates cherry, cortados por la mitad
- 2 cucharadas de aceite de oliva
- 1 taza de aceitunas kalamata, sin hueso y cortadas por la mitad
- Una pizca de pimienta negra
- 1 cebolla morada picada
- 1 cucharada de vinagre balsámico
- ¼ de taza de cilantro picado

Direcciones:
1. En un bol, mezcle los tomates con las aceitunas y los demás ingredientes, mezcle y sirva como guarnición.

Nutrición: calorías 131, grasa 10.9, fibra 3.1, carbohidratos 9.2, proteína 1.6

Ensalada de calabacín

Tiempo de preparación: 4 minutos.
Tiempo de cocción: 0 minutos.
Porciones: 4

Ingredientes:
- 2 calabacines, cortados con espiral
- 1 cebolla morada en rodajas
- 1 cucharada de pesto de albahaca
- 1 cucharada de jugo de limón
- 1 cucharada de aceite de oliva
- ½ taza de cilantro picado
- Pimienta negra al gusto

Direcciones:
1. En una ensaladera, mezcle los calabacines con la cebolla y los demás ingredientes, mezcle y sirva.

Nutrición: calorías 58, grasa 3.8, fibra 1.8, carbohidratos 6, proteína 1.6

Ensalada De Zanahorias Al Curry

Tiempo de preparación: 4 minutos.
Tiempo de cocción: 0 minutos.
Porciones: 4

Ingredientes:
- 1 libra de zanahorias, peladas y ralladas
- 2 cucharadas de aceite de aguacate
- 2 cucharadas de jugo de limón
- 3 cucharadas de ajonjolí
- ½ cucharadita de curry en polvo
- 1 cucharadita de romero seco
- ½ cucharadita de comino, molido

Direcciones:
1. En un bol, mezcle las zanahorias con el aceite, el jugo de limón y los demás ingredientes, mezcle y sirva frío como guarnición.

Nutrición: calorías 99, grasa 4.4, fibra 4.2, carbohidratos 13.7, proteína 2.4

Ensalada de lechuga y remolacha

Tiempo de preparación: 5 minutos.
Tiempo de cocción: 0 minutos.
Porciones: 4

Ingredientes:
- 1 cucharada de jengibre rallado
- 2 dientes de ajo picados
- 4 tazas de lechuga romana, cortada
- 1 remolacha, pelada y rallada
- 2 cebollas verdes picadas
- 1 cucharada de vinagre balsámico
- 1 cucharada de ajonjolí

Direcciones:
1. En un bol, combine la lechuga con el jengibre, el ajo y los demás ingredientes, mezcle y sirva como guarnición.

Nutrición: calorías 42, grasa 1.4, fibra 1.5, carbohidratos 6.7, proteína 1.4

Rábanos con hierbas

Tiempo de preparación: 5 minutos.
Tiempo de cocción: 0 minutos.
Porciones: 4

Ingredientes:
- 1 libra de rábanos rojos, cortados en cubos
- 1 cucharada de cebollino picado
- 1 cucharada de perejil picado
- 1 cucharada de orégano picado
- 2 cucharadas de aceite de oliva
- 1 cucharada de jugo de lima
- Pimienta negra al gusto

Direcciones:
1. En una ensaladera, mezcle los rábanos con el cebollino y los demás ingredientes, mezcle y sirva.

Nutrición: calorías 85, grasa 7.3, fibra 2.4, carbohidratos 5.6, proteína 1

Mezcla de hinojo al horno

Tiempo de preparación: 5 minutos.
Tiempo de cocción: 20 minutos.
Porciones: 4

Ingredientes:
- 2 bulbos de hinojo, en rodajas
- 1 cucharadita de pimentón dulce
- 1 cebolla morada pequeña, en rodajas
- 2 cucharadas de aceite de oliva
- 2 cucharadas de jugo de lima
- 2 cucharadas de eneldo picado
- Pimienta negra al gusto

Direcciones:
1. En una fuente para asar, combine el hinojo con el pimentón y los otros ingredientes, mezcle y hornee a 380 grados F durante 20 minutos.
2. Divida la mezcla entre platos y sirva.

Nutrición: calorías 114, grasa 7.4, fibra 4.5, carbohidratos 13.2, proteína 2.1

Morrones asados

Tiempo de preparación: 10 minutos.
Tiempo de cocción: 30 minutos.
Porciones: 4

Ingredientes:
- 1 libra de pimientos morrones mixtos, cortados en gajos
- 1 cebolla morada, finamente rebanada
- 2 cucharadas de aceite de oliva
- Pimienta negra al gusto
- 1 cucharada de orégano picado
- 2 cucharadas de hojas de menta picadas

Direcciones:
1. En una fuente para asar, combine los pimientos morrones con la cebolla y los otros ingredientes, mezcle y hornee a 380 grados F durante 30 minutos.
2. Divida la mezcla entre platos y sirva.

Nutrición: calorías 240, grasa 8.2, fibra 4.2, carbohidratos 11.3, proteína 5.6

Salteado de dátiles y repollo

Tiempo de preparación: 5 minutos.
Tiempo de cocción: 15 minutos.
Porciones: 4

Ingredientes:
- 1 libra de col lombarda, rallada
- 8 dátiles, sin hueso y en rodajas
- 2 cucharadas de aceite de oliva
- ¼ de taza de caldo de verduras bajo en sodio
- 2 cucharadas de cebolletas picadas
- 2 cucharadas de jugo de limón
- Pimienta negra al gusto

Direcciones:
1. Calentar una sartén con el aceite a fuego medio, agregar la col y los dátiles, remover y cocinar por 4 minutos.
2. Agrega el caldo y los demás ingredientes, revuelve, cocina a fuego medio por 11 minutos más, divide en platos y sirve.

Nutrición: calorías 280, grasa 8.1, fibra 4.1, carbohidratos 8.7, proteína 6.3

Mezcla de frijoles negros

Tiempo de preparación: 4 minutos.
Tiempo de cocción: 0 minutos.
Porciones: 4

Ingredientes:
- 3 tazas de frijoles negros enlatados, sin sal agregada, escurridos y enjuagados
- 1 taza de tomates cherry, cortados por la mitad
- 2 chalotas picadas
- 3 cucharadas de aceite de oliva
- 1 cucharada de vinagre balsámico
- Pimienta negra al gusto
- 1 cucharada de cebollino picado

Direcciones:
1. En un bol, combine los frijoles con los tomates y los demás ingredientes, mezcle y sirva frío como guarnición.

Nutrición: calorías 310, grasa 11.0, fibra 5.3, carbohidratos 19.6, proteína 6.8

Mix de Aceitunas y Endivias

Tiempo de preparación: 4 minutos.
Tiempo de cocción: 0 minutos.
Porciones: 4

Ingredientes:
- 2 cebolletas picadas
- 2 endivias, ralladas
- 1 taza de aceitunas negras, sin hueso y en rodajas
- ½ taza de aceitunas kalamata, sin hueso y en rodajas
- ¼ taza de vinagre de sidra de manzana
- 2 cucharadas de aceite de oliva
- 1 cucharada de cilantro picado

Direcciones:
1. En un bol mezclar las endivias con las aceitunas y el resto de ingredientes, mezclar y servir.

Nutrición: calorías 230, grasa 9.1, fibra 6.3, carbohidratos 14.6, proteína 7.2

Ensalada de tomates y pepino

Tiempo de preparación: 5 minutos.
Tiempo de cocción: 0 minutos.
Porciones: 4

Ingredientes:
- ½ libra de tomates, en cubos
- 2 pepinos, en rodajas
- 1 cucharada de aceite de oliva
- 2 cebolletas picadas
- Pimienta negra al gusto
- Zumo de 1 lima
- ½ taza de albahaca picada

Direcciones:
1. En una ensaladera, combine los tomates con el pepino y los demás ingredientes, mezcle y sirva frío.

Nutrición: calorías 224, grasa 11.2, fibra 5.1, carbohidratos 8.9, proteína 6.2

Ensalada De Pimientos Y Zanahoria

Tiempo de preparación: 5 minutos.
Tiempo de cocción: 0 minutos.
Porciones: 4

Ingredientes:
- 1 taza de tomates cherry, cortados por la mitad
- 1 pimiento amarillo picado
- 1 pimiento rojo picado
- 1 pimiento verde picado
- ½ libra de zanahorias, ralladas
- 3 cucharadas de vinagre de vino tinto
- 2 cucharadas de aceite de oliva
- 1 cucharada de cilantro picado
- Pimienta negra al gusto

Direcciones:
1. En una ensaladera, mezcle los tomates con los pimientos, las zanahorias y los demás ingredientes, mezcle y sirva como guarnición.

Nutrición: calorías 123, grasa 4, fibra 8.4, carbohidratos 14.4, proteína 1.1

Mezcla de Frijoles Negros y Arroz

Tiempo de preparación: 10 minutos.
Tiempo de cocción: 30 minutos.
Porciones: 4

Ingredientes:
- 2 cucharadas de aceite de oliva
- 1 cebolla amarilla picada
- 1 taza de frijoles negros enlatados, sin sal agregada, escurridos y enjuagados
- 2 tazas de arroz negro
- 4 tazas de caldo de pollo bajo en sodio
- 2 cucharadas de tomillo picado
- Ralladura de ½ limón rallada
- Una pizca de pimienta negra

Direcciones:
1. Calienta una sartén con el aceite a fuego medio-alto, agrega la cebolla, revuelve y sofríe por 4 minutos.
2. Agrega los frijoles, el arroz y los demás ingredientes, revuelve, lleva a ebullición y cocina a fuego medio durante 25 minutos.
3. Revuelva la mezcla, divida en platos y sirva.

Nutrición: calorías 290, grasa 15.3, fibra 6.2, carbohidratos 14.6, proteína 8

Mezcla de arroz y coliflor

Tiempo de preparación: 10 minutos.
Tiempo de cocción: 25 minutos.
Porciones: 4

Ingredientes:
- 1 taza de floretes de coliflor
- 1 taza de arroz blanco
- 2 tazas de caldo de pollo bajo en sodio
- 1 cucharada de aceite de aguacate
- 2 chalotas picadas
- ¼ de taza de arándanos
- ½ taza de almendras en rodajas

Direcciones:
1. Calienta una sartén con el aceite a fuego medio, agrega las chalotas, revuelve y sofríe por 5 minutos.
2. Agrega la coliflor, el arroz y los demás ingredientes, revuelve, lleva a fuego lento y cocina a fuego medio durante 20 minutos.
3. Divida la mezcla entre platos y sirva.

Nutrición: calorías 290, grasa 15.1, fibra 5.6, carbohidratos 7, proteína 4.5

Mezcla de frijoles balsámicos

Tiempo de preparación: 10 minutos.
Tiempo de cocción: 0 minutos.
Porciones: 4

Ingredientes:
- 2 tazas de frijoles negros enlatados, sin sal agregada, escurridos y enjuagados
- 2 tazas de frijoles blancos enlatados, sin sal agregada, escurridos y enjuagados
- 2 cucharadas de vinagre balsámico
- 2 cucharadas de aceite de oliva
- 1 cucharadita de orégano seco
- 1 cucharadita de albahaca seca
- 1 cucharada de cebollino picado

Direcciones:
1. En una ensaladera, combine los frijoles con el vinagre y los otros ingredientes, mezcle y sirva como ensalada.

Nutrición: calorías 322, grasa 15.1, fibra 10, carbohidratos 22.0, proteína 7

Remolacha Cremosa

Tiempo de preparación: 5 minutos.
Tiempo de cocción: 20 minutos.
Porciones: 4

Ingredientes:
- 1 libra de remolacha, pelada y en cubos
- 1 cebolla morada picada
- 1 cucharada de aceite de oliva
- ½ taza de crema de coco
- 4 cucharadas de yogur descremado
- 1 cucharada de cebollino picado

Direcciones:
1. Calienta una sartén con el aceite a fuego medio, agrega la cebolla, revuelve y sofríe por 4 minutos.
2. Agrega la remolacha, la crema y los demás ingredientes, revuelve, cocina a fuego medio por 15 minutos más, divide en platos y sirve.

Nutrición: calorías 250, grasa 13.4, fibra 3, carbohidratos 13.3, proteína 6.4

Mezcla de aguacate y pimientos morrones

Tiempo de preparación: 10 minutos.
Tiempo de cocción: 14 minutos.
Porciones: 4

Ingredientes:
- 1 cucharada de aceite de aguacate
- 1 cucharadita de pimentón dulce
- 1 libra de pimientos morrones mezclados, cortados en tiras
- 1 aguacate, pelado, sin hueso y cortado a la mitad
- 1 cucharadita de ajo en polvo
- 1 cucharadita de romero seco
- ½ taza de caldo de verduras bajo en sodio
- Pimienta negra al gusto

Direcciones:
1. Calentar una sartén con el aceite a fuego medio-alto, agregar todos los pimientos morrones, remover y sofreír por 5 minutos.
2. Agrega el resto de los ingredientes, revuelve, cocina por 9 minutos más a fuego medio, divide entre platos y sirve.

Nutrición: calorías 245, grasa 13.8, fibra 5, carbohidratos 22.5, proteína 5.4

Camote y remolacha asados

Tiempo de preparación: 10 minutos.
Tiempo de cocción: 1 hora.
Porciones: 4

Ingredientes:
- 3 cucharadas de aceite de oliva
- 2 batatas, peladas y cortadas en gajos
- 2 remolachas, peladas y cortadas en gajos
- 1 cucharada de orégano picado
- 1 cucharada de jugo de lima
- Pimienta negra al gusto

Direcciones:
1. Colocar las batatas y las remolachas en una bandeja para hornear forrada, agregar el resto de los ingredientes, mezclar, introducir en el horno y hornear a 375 grados F durante 1 hora /
2. Dividir entre platos y servir como guarnición.

Nutrición: calorías 240, grasa 11.2, fibra 4, carbohidratos 8.6, proteína 12.1

Kale Salteado

Tiempo de preparación: 10 minutos.
Tiempo de cocción: 15 minutos.
Porciones: 4

Ingredientes:
- 2 cucharadas de aceite de oliva
- 3 cucharadas de aminoácidos de coco
- 1 libra de col rizada, desgarrada
- 1 cebolla morada picada
- 2 dientes de ajo picados
- 1 cucharada de jugo de lima
- 1 cucharada de cilantro picado

Direcciones:
1. Calentar una sartén con el aceite de oliva a fuego medio, agregar la cebolla y el ajo y sofreír por 5 minutos.
2. Agrega la col rizada y los demás ingredientes, revuelve, cocina a fuego medio durante 10 minutos, divide en platos y sirve.

Nutrición: calorías 200, grasa 7.1, fibra 2, carbohidratos 6.4, proteína 6

Zanahorias especiadas

Tiempo de preparación: 10 minutos.
Tiempo de cocción: 20 minutos.
Porciones: 4

Ingredientes:
- 1 cucharada de jugo de limón
- 1 cucharada de aceite de oliva
- ½ cucharadita de pimienta de Jamaica, molida
- ½ cucharadita de comino, molido
- ½ cucharadita de nuez moscada molida
- 1 libra de zanahorias pequeñas, cortadas
- 1 cucharada de romero picado
- Pimienta negra al gusto

Direcciones:
1. En una fuente para asar, combine las zanahorias con el jugo de limón, el aceite y los demás ingredientes, mezcle, introduzca en el horno y hornee a 400 grados F por 20 minutos.
2. Dividir en platos y servir.

Nutrición: calorías 260, grasa 11.2, fibra 4.5, carbohidratos 8.3, proteína 4.3

Alcachofas al limón

Tiempo de preparación: 10 minutos.
Tiempo de cocción: 20 minutos.
Porciones: 4

Ingredientes:
- 2 cucharadas de jugo de limón
- 4 alcachofas, cortadas y cortadas por la mitad
- 1 cucharada de eneldo picado
- 2 cucharadas de aceite de oliva
- Una pizca de pimienta negra

Direcciones:
1. En una fuente para asar, combine las alcachofas con el jugo de limón y los otros ingredientes, mezcle suavemente y hornee a 400 grados F por 20 minutos, divida entre platos y sirva.

Nutrición: calorías 140, grasa 7.3, fibra 8.9, carbohidratos 17.7, proteína 5.5

Brócoli, Frijoles y Arroz

Tiempo de preparación: 10 minutos.
Tiempo de cocción: 30 minutos.
Porciones: 4

Ingredientes:
- 1 taza de floretes de brócoli, picados
- 1 taza de frijoles negros enlatados, sin sal agregada, escurridos
- 1 taza de arroz blanco
- 2 tazas de caldo de pollo bajo en sodio
- 2 cucharaditas de pimentón dulce
- Pimienta negra al gusto

Direcciones:
1. Poner el caldo en una olla, calentar a fuego medio, agregar el arroz y los demás ingredientes, remover, llevar a ebullición y cocinar por 30 minutos removiendo de vez en cuando.
2. Divida la mezcla entre platos y sirva como guarnición.

Nutrición: calorías 347, grasa 1.2, fibra 9, carbohidratos 69.3, proteína 15.1

Mezcla de calabaza al horno

Tiempo de preparación: 10 minutos.
Tiempo de cocción: 45 minutos.
Porciones: 4

Ingredientes:
- 2 cucharadas de aceite de oliva
- 2 libras de calabaza, pelada y cortada en gajos
- 1 cucharada de jugo de limón
- 1 cucharadita de chile en polvo
- 1 cucharadita de ajo en polvo
- 2 cucharaditas de cilantro picado
- Una pizca de pimienta negra

Direcciones
1. En una fuente para asar, combine la calabaza con el aceite y los demás ingredientes, mezcle suavemente, hornee en el horno a 400 grados F durante 45 minutos, divida entre platos y sirva como guarnición.

Nutrición: calorías 167, grasa 7.4, fibra 4.9, carbohidratos 27.5, proteína 2.5

Espárragos cremosos

Tiempo de preparación: 5 minutos.
Tiempo de cocción: 20 minutos.
Porciones: 4

Ingredientes:
- ½ cucharadita de nuez moscada molida
- 1 libra de espárragos, cortados y cortados por la mitad
- 1 taza de crema de coco
- 1 cebolla amarilla picada
- 2 cucharadas de aceite de oliva
- 1 cucharada de jugo de lima
- 1 cucharada de cilantro picado

Direcciones:
1. Calentar una sartén con el aceite a fuego medio, agregar la cebolla y la nuez moscada, remover y sofreír por 5 minutos.
2. Agrega los espárragos y los demás ingredientes, revuelve, lleva a fuego lento y cocina a fuego medio durante 15 minutos.
3. Dividir en platos y servir.

Nutrición: calorías 236, grasa 21.6, fibra 4.4, carbohidratos 11.4, proteína 4.2

Mezcla de nabos de albahaca

Tiempo de preparación: 10 minutos.
Tiempo de cocción: 15 minutos.
Porciones: 4

Ingredientes:
- 1 cucharada de aceite de aguacate
- 4 nabos en rodajas
- ¼ taza de albahaca picada
- Pimienta negra al gusto
- ¼ de taza de caldo de verduras bajo en sodio
- ½ taza de nueces picadas
- 2 dientes de ajo picados

Direcciones:
1. Calentar una sartén con el aceite a fuego medio-alto, agregar el ajo y los nabos y dorar por 5 minutos.
2. Agrega el resto de los ingredientes, mezcla, cocina por 10 minutos más, divide en platos y sirve.

Nutrición: calorías 140, grasa 9.7, fibra 3.3, carbohidratos 10.5, proteína 5

Mezcla de Arroz y Alcaparras

Tiempo de preparación: 10 minutos.
Tiempo de cocción: 20 minutos.
Porciones: 4

Ingredientes:
- 1 taza de arroz blanco
- 1 cucharada de alcaparras picadas
- 2 tazas de caldo de pollo bajo en sodio
- 1 cebolla morada picada
- 1 cucharada de aceite de aguacate
- 1 cucharada de cilantro picado
- 1 cucharadita de pimentón dulce

Direcciones:
1. Calienta una sartén con el aceite a fuego medio-alto, agrega la cebolla, revuelve y sofríe por 5 minutos.
2. Agregue el arroz, las alcaparras y los demás ingredientes, mezcle, cocine a fuego lento y cocine por 15 minutos.
3. Divida la mezcla entre platos y sirva como guarnición.

Nutrición: calorías 189, grasa 0.9, fibra 1.6, carbohidratos 40.2, proteína 4.3

Mezcla de espinacas y col rizada

Tiempo de preparación: 5 minutos.
Tiempo de cocción: 15 minutos.
Porciones: 4

Ingredientes:
- 2 tazas de espinacas tiernas
- 5 tazas de col rizada, desgarrada
- 2 chalotas picadas
- 2 dientes de ajo picados
- 1 taza de tomates enlatados, sin sal agregada, picados
- 1 cucharada de aceite de oliva

Direcciones:
1. Calentar una sartén con el aceite a fuego medio-alto, agregar las chalotas, remover y sofreír por 5 minutos.
2. Agrega la espinaca, la col rizada y los demás ingredientes, revuelve, cocina por 10 minutos más, divide en platos y sirve como guarnición.

Nutrición: calorías 89, grasa 3.7, fibra 2.2, carbohidratos 12.4, proteína 3.6

Brócoli de pavo y comino

Tiempo de preparación: 10 minutos.
Tiempo de cocción: 30 minutos.
Porciones: 4

Ingredientes:
- 1 cebolla morada picada
- 1 libra de pechuga de pavo, sin piel, deshuesada y en cubos
- 2 tazas de floretes de brócoli
- 1 cucharadita de comino, molido
- 3 dientes de ajo picados
- 2 cucharadas de aceite de oliva
- 14 onzas de leche de coco
- Una pizca de pimienta negra
- ¼ de taza de cilantro picado

Direcciones:
1. Calentar una olla con el aceite a fuego medio, agregar la cebolla y el ajo, remover y sofreír por 5 minutos.
2. Agregue el pavo, revuelva y dore durante 5 minutos.
3. Agrega el brócoli y el resto de los ingredientes, lleva a fuego lento a fuego medio y cocina por 20 minutos.
4. Divida la mezcla entre platos y sirva.

Nutrición: calorías 438, grasa 32.9, fibra 4.7, carbohidratos 16.8, proteína 23.5

Pollo Clavo

Tiempo de preparación: 10 minutos.
Tiempo de cocción: 30 minutos.
Porciones: 4

Ingredientes:
- 1 libra de pechuga de pollo, sin piel, deshuesada y en cubos
- 1 taza de caldo de pollo bajo en sodio
- 1 cucharada de aceite de aguacate
- 2 cucharaditas de clavo molido
- 1 cebolla amarilla picada
- 2 cucharaditas de pimentón dulce
- 3 tomates, en cubos
- Una pizca de sal y pimienta negra.
- ½ taza de perejil picado

Direcciones:
1. Calienta una sartén con el aceite a fuego medio, agrega la cebolla y sofríe por 5 minutos.
2. Agrega el pollo y dora por 5 minutos más.
3. Agrega el caldo y el resto de los ingredientes, lleva a fuego lento y cocina a fuego medio por 20 minutos más.
4. Divida la mezcla entre platos y sirva.

Nutrición: calorías 324, grasa 12,3, fibra 5, carbohidratos 33,10, proteína 22,4

Pollo con Alcachofas de Jengibre

Tiempo de preparación: 10 minutos.
Tiempo de cocción: 30 minutos.
Porciones: 4

Ingredientes:
- 2 pechugas de pollo, sin piel, deshuesadas y cortadas por la mitad
- 1 cucharada de jengibre rallado
- 1 taza de tomates enlatados, sin sal agregada, picados
- 10 onzas de alcachofas enlatadas, sin sal agregada, escurridas y cortadas en cuartos
- 2 cucharadas de jugo de limón
- 2 cucharadas de aceite de oliva
- Una pizca de pimienta negra

Direcciones:
1. Calienta una sartén con el aceite a fuego medio, agrega el jengibre y las alcachofas, revuelve y cocina por 5 minutos.
2. Agrega el pollo y cocina por 5 minutos más.
3. Agregue el resto de los ingredientes, lleve a fuego lento y cocine por 20 minutos más.
4. Divida todo entre platos y sirva.

Nutrición: calorías 300, grasa 14.5, fibra 5.3, carbohidratos 16.4, proteína 15.1

Mezcla de pavo y pimienta

Tiempo de preparación: 10 minutos.
Tiempo de cocción: 30 minutos.
Porciones: 4

Ingredientes:
- ½ cucharada de pimienta negra en grano
- 1 cucharada de aceite de oliva
- 1 libra de pechuga de pavo, sin piel, deshuesada y en cubos
- 1 taza de caldo de pollo bajo en sodio
- 3 dientes de ajo picados
- 2 tomates, en cubos
- Una pizca de pimienta negra
- 2 cucharadas de cebolletas picadas

Direcciones:
1. Calentar una sartén con el aceite a fuego medio, agregar el ajo y el pavo y dorar por 5 minutos.
2. Agrega los granos de pimienta y el resto de los ingredientes, lleva a fuego lento y cocina a fuego medio durante 25 minutos.
3. Divida la mezcla entre platos y sirva.

Nutrición: calorías 313, grasa 13.3, fibra 7, carbohidratos 23.4, proteína 16

Muslos de pollo y verduras con romero

Tiempo de preparación: 10 minutos.
Tiempo de cocción: 40 minutos.
Porciones: 4

Ingredientes:
- 2 libras de pechugas de pollo, sin piel, deshuesadas y en cubos
- 1 zanahoria en cubos
- 1 tallo de apio picado
- 1 tomate en cubos
- 2 cebollas rojas pequeñas, en rodajas
- 1 calabacín en cubos
- 2 dientes de ajo picados
- 1 cucharada de romero picado
- 2 cucharadas de aceite de oliva
- Pimienta negra al gusto
- ½ taza de caldo de verduras bajo en sodio

Direcciones:
1. Calentar una sartén con el aceite a fuego medio, agregar la cebolla y el ajo, remover y sofreír por 5 minutos.
2. Agrega el pollo, revuelve y dóralo por 5 minutos más.
3. Agregue la zanahoria y los demás ingredientes, mezcle, cocine a fuego lento y cocine a fuego medio durante 30 minutos.
4. Divida la mezcla entre platos y sirva.

Nutrición: calorías 325, grasa 22.5, fibra 6.1, carbohidratos 15.5, proteína 33.2

Pollo con zanahorias y repollo

Tiempo de preparación: 10 minutos.
Tiempo de cocción: 25 minutos.
Porciones: 4

Ingredientes:
- 1 libra de pechuga de pollo, sin piel, deshuesada y en cubos
- 2 cucharadas de aceite de oliva
- 2 zanahorias, peladas y ralladas
- 1 cucharadita de pimentón dulce
- ½ taza de caldo de verduras bajo en sodio
- 1 repollo morado, rallado
- 1 cebolla amarilla picada
- Pimienta negra al gusto

Direcciones:
1. Calienta una sartén con el aceite a fuego medio, agrega la cebolla, revuelve y sofríe por 5 minutos.
2. Agrega la carne y dórala por 5 minutos más.
3. Agregue las zanahorias y los demás ingredientes, mezcle, cocine a fuego lento y cocine a fuego medio durante 15 minutos.
4. Divida todo entre platos y sirva.

Nutrición: calorías 370, grasa 22.2, fibra 5.2, carbohidratos 44.2, proteína 24.2

Sandwich de berenjena y pavo

Tiempo de preparación: 10 minutos.
Tiempo de cocción: 25 minutos.
Porciones: 4

Ingredientes:
- 1 pechuga de pavo, sin piel, deshuesada y cortada en 4 trozos
- 1 berenjena, cortada en 4 rodajas
- Pimienta negra al gusto
- 1 cucharada de aceite de oliva
- 1 cucharada de orégano picado
- ½ taza de salsa de tomate baja en sodio
- ½ taza de queso cheddar bajo en grasa, rallado
- 4 rebanadas de pan integral

Direcciones:
1. Calienta una parrilla a fuego medio-alto, agrega las rodajas de pavo, rocía la mitad del aceite por encima, espolvorea la pimienta negra, cocina por 8 minutos por cada lado y transfiere a un plato.
2. Coloca las rodajas de berenjena en la parrilla caliente, rocía el resto del aceite sobre ellas, sazona también con pimienta negra, cocínalas por 4 minutos por cada lado y transfiérelas al plato con las rodajas de pavo también.
3. Coloque 2 rebanadas de pan en una superficie de trabajo, divida el queso en cada una, divida las rebanadas de berenjena y de pavo en cada una, espolvoree el orégano, rocíe la salsa por todas partes y cubra con las otras 2 rebanadas de pan.
4. Divide los bocadillos entre platos y sírvelos.

Nutrición: calorías 280, grasa 12.2, fibra 6, carbohidratos 14, proteína 12

Tortillas simples de pavo y calabacín

Tiempo de preparación: 10 minutos.
Tiempo de cocción: 20 minutos.
Porciones: 4

Ingredientes:
- 4 tortillas de trigo integral
- ½ taza de yogur descremado
- 1 libra de pavo, pechuga, sin piel, sin hueso y cortado en tiras
- 1 cucharada de aceite de oliva
- 1 cebolla morada en rodajas
- 1 calabacín en cubos
- 2 tomates, en cubos
- Pimienta negra al gusto

Direcciones:
1. Calienta una sartén con el aceite a fuego medio, agrega la cebolla, revuelve y sofríe por 5 minutos.
2. Agregue el calabacín y los tomates, mezcle y cocine por 2 minutos más.
3. Agrega la carne de pavo, revuelve y cocina por 13 minutos más.
4. Unte el yogur en cada tortilla, agregue dividir la mezcla de pavo y calabacín, enrolle, divida en platos y sirva.

Nutrición: calorías 290, grasa 13.4, fibra 3.42, carbohidratos 12.5, proteína 6.9

Pollo con Pimientos y Berenjena Sartén

Tiempo de preparación: 10 minutos.
Tiempo de cocción: 25 minutos.
Porciones: 4

Ingredientes:
- 2 pechugas de pollo, sin piel, deshuesadas y en cubos
- 1 cebolla morada picada
- 2 cucharadas de aceite de oliva
- 1 berenjena en cubos
- 1 pimiento rojo, cortado en cubos
- 1 pimiento amarillo, cortado en cubos
- Pimienta negra al gusto
- 2 tazas de leche de coco

Direcciones:
4. Calienta una sartén con el aceite a fuego medio-alto, agrega la cebolla, revuelve y cocina por 3 minutos.
5. Agregue los pimientos morrones, mezcle y cocine por 2 minutos más.
6. Agregue el pollo y los demás ingredientes, mezcle, cocine a fuego lento y cocine a fuego medio durante 20 minutos más.
7. Divida todo entre platos y sirva.

Nutrición: calorías 310, grasa 14.7, fibra 4, carbohidratos 14.5, proteína 12.6

Pavo al horno con balsámico

Tiempo de preparación: 10 minutos.
Tiempo de cocción: 40 minutos.
Porciones: 4

Ingredientes:
- 1 pechuga de pavo grande, sin piel, deshuesada y en rodajas
- 2 cucharadas de vinagre balsámico
- 1 cucharada de aceite de oliva
- 2 dientes de ajo picados
- 1 cucharada de condimento italiano
- Pimienta negra al gusto
- 1 cucharada de cilantro picado

Direcciones:
1. En una fuente para horno, mezcla el pavo con el vinagre, el aceite y los demás ingredientes, revuelve, introduce en el horno a 400 grados F y hornea por 40 minutos.
2. Divida todo entre platos y sirva con una ensalada.

Nutrición: calorías 280, grasa 12.7, fibra 3, carbohidratos 22.1, proteína 14

Mezcla de pavo con queso cheddar

Tiempo de preparación: 10 minutos.
Tiempo de cocción: 1 hora.
Porciones: 4

Ingredientes:
- 1 libra de pechuga de pavo, sin piel, deshuesada y en rodajas
- 2 cucharadas de aceite de oliva
- 1 taza de tomates enlatados, sin sal agregada, picados
- Pimienta negra al gusto
- 1 taza de queso cheddar descremado, rallado
- 2 cucharadas de perejil picado

Direcciones:
1. Engrasa una fuente para horno con el aceite, coloca las rodajas de pavo en la sartén, esparce los tomates sobre ellas, sazona con pimienta negra, espolvorea el queso y el perejil por encima, introduce en el horno a 400 grados F y hornea por 1 hora.
2. Divida todo entre platos y sirva.

Nutrición: calorías 350, grasa 13.1, fibra 4, carbohidratos 32.4, proteína 14.65

Pavo parmesano

Tiempo de preparación: 10 minutos.
Tiempo de cocción: 23 minutos.
Porciones: 4

Ingredientes:
- 1 libra de pechuga de pavo, sin piel, deshuesada y en cubos
- 1 cucharada de aceite de oliva
- ½ taza de parmesano rallado bajo en grasa
- 2 chalotas picadas
- 1 taza de leche de coco
- Pimienta negra al gusto

Direcciones:
1. Calienta una sartén con el aceite a fuego medio-alto, agrega las chalotas, revuelve y cocina por 5 minutos.
2. Agrega la carne, la leche de coco y la pimienta negra, revuelve y cocina a fuego medio por 15 minutos más.
3. Agrega el parmesano, cocina por 2-3 minutos, divide todo entre platos y sirve.

Nutrición: calorías 320, grasa 11.4, fibra 3.5, carbohidratos 14.3, proteína 11.3

Mezcla cremosa de pollo y camarones

Tiempo de preparación: 10 minutos.
Tiempo de cocción: 14 minutos.
Porciones: 4

Ingredientes:
- 1 cucharada de aceite de oliva
- 1 libra de pechuga de pollo, sin piel, deshuesada y en cubos
- ¼ de taza de caldo de pollo bajo en sodio
- 1 libra de camarones, pelados y desvenados
- ½ taza de crema de coco
- 1 cucharada de cilantro picado

Direcciones:
1. Calienta una sartén con el aceite a fuego medio, agrega el pollo, revuelve y cocina por 8 minutos.
2. Agrega los camarones y los demás ingredientes, revuelve, cocina todo por 6 minutos más, divide en tazones y sirve.

Nutrición: calorías 370, grasa 12.3, fibra 5.2, carbohidratos 12.6, proteína 8

Mezcla de pavo con albahaca y espárragos calientes

Tiempo de preparación: 10 minutos.
Tiempo de cocción: 40 minutos.
Porciones: 4

Ingredientes:
- 1 libra de pechuga de pavo, sin piel y cortada en tiras
- 1 taza de crema de coco
- 1 taza de caldo de pollo bajo en sodio
- 2 cucharadas de perejil picado
- 1 manojo de espárragos, cortados y cortados por la mitad
- 1 cucharadita de chile en polvo
- 2 cucharadas de aceite de oliva
- Una pizca de sal marina y pimienta negra.

Direcciones:
1. Calienta una sartén con el aceite a fuego medio-alto, agrega el pavo y un poco de pimienta negra, revuelve y cocina por 5 minutos.
2. Agregue los espárragos, el chile en polvo y los demás ingredientes, mezcle, cocine a fuego lento y cocine a fuego medio durante 30 minutos más.
3. Divida todo entre platos y sirva.

Nutrición: calorías 290, grasa 12.10, fibra 4.6, carbohidratos 12.7, proteína 24

Mezcla de pavo con anacardos

Tiempo de preparación: 10 minutos.
Tiempo de cocción: 40 minutos.
Porciones: 4

Ingredientes:
- 1 libra de pechuga de pavo, sin piel, deshuesada y en cubos
- 1 taza de anacardos picados
- 1 cebolla amarilla picada
- ½ cucharada de aceite de oliva
- Pimienta negra al gusto
- ½ cucharadita de pimentón dulce
- 2 y ½ cucharadas de mantequilla de anacardo
- ¼ de taza de caldo de pollo bajo en sodio
- 1 cucharada de cilantro picado

Direcciones:
1. Calienta una sartén con el aceite a fuego medio-alto, agrega la cebolla, revuelve y sofríe por 5 minutos.
2. Agrega la carne y dórala por 5 minutos más.
3. Agregue el resto de los ingredientes, mezcle, cocine a fuego lento y cocine a fuego medio durante 30 minutos.
4. Divida toda la mezcla entre platos y sirva.

Nutrición: calorías 352, grasa 12.7, fibra 6.2, carbohidratos 33.2, proteína 13.5

Pavo y Bayas

Tiempo de preparación: 10 minutos.
Tiempo de cocción: 35 minutos.
Porciones: 4

Ingredientes:
- 2 libras de pechugas de pavo, sin piel, deshuesadas y en cubos
- 1 cucharada de aceite de oliva
- 1 cebolla morada picada
- 1 taza de arándanos
- 1 taza de caldo de pollo bajo en sodio
- ¼ de taza de cilantro picado
- Pimienta negra al gusto

Direcciones:
1. Calienta una olla con el aceite a fuego medio-alto, agrega la cebolla, revuelve y sofríe por 5 minutos.
2. Agrega la carne, las bayas y los demás ingredientes, lleva a fuego lento y cocina a fuego medio durante 30 minutos más.
3. Divide la mezcla entre platos y sirva.

Nutrición: calorías 293, grasa 7.3, fibra 2.8, carbohidratos 14.7, proteína 39.3

Pechuga De Pollo A Las Cinco Especias

Tiempo de preparación: 5 minutos.
Tiempo de cocción: 35 minutos.
Porciones: 4

Ingredientes:
- 1 taza de tomates triturados
- 1 cucharadita de cinco especias
- 2 mitades de pechuga de pollo, sin piel, deshuesadas y cortadas por la mitad
- 1 cucharada de aceite de aguacate
- 2 cucharadas de aminoácidos de coco
- Pimienta negra al gusto
- 1 cucharada de ají picante
- 1 cucharada de cilantro picado

Direcciones:
1. Calentar una sartén con el aceite a fuego medio, agregar la carne y dorar por 2 minutos por cada lado.
2. Agregue los tomates, las cinco especias y los demás ingredientes, lleve a fuego lento y cocine a fuego medio durante 30 minutos.
3. Divida toda la mezcla entre platos y sirva.

Nutrición: calorías 244, grasa 8.4, fibra 1.1, carbohidratos 4.5, proteína 31

Pavo con Verduras Especiadas

Tiempo de preparación: 10 minutos.
Tiempo de cocción: 17 minutos.
Porciones: 4

Ingredientes:
- 1 libra de pechuga de pavo, deshuesada, sin piel y en cubos
- 1 taza de hojas de mostaza
- 1 cucharadita de nuez moscada molida
- 1 cucharadita de pimienta de Jamaica, molida
- 1 cebolla amarilla picada
- Pimienta negra al gusto
- 1 cucharada de aceite de oliva

Direcciones:
1. Calentar una sartén con el aceite a fuego medio-alto, agregar la cebolla y la carne y dorar por 5 minutos.
2. Agrega el resto de los ingredientes, revuelve, cocina a fuego medio por 12 minutos más, divide en platos y sirve.

Nutrición: calorías 270, grasa 8.4, fibra 8.32, carbohidratos 33.3, proteína 9

Champiñones con Pollo y Chile

Tiempo de preparación: 10 minutos.
Tiempo de cocción: 20 minutos.
Porciones: 4

Ingredientes:
- 2 pechugas de pollo, sin piel, deshuesadas y cortadas por la mitad
- ½ libra de champiñones blancos, cortados por la mitad
- 1 cucharada de aceite de oliva
- 1 taza de tomates enlatados, sin sal agregada, picados
- 2 cucharadas de almendras picadas
- 2 cucharadas de aceite de oliva
- ½ cucharadita de hojuelas de chile
- Pimienta negra al gusto

Direcciones:
1. Calienta una sartén con el aceite a fuego medio-alto, agrega los champiñones, revuelve y sofríe por 5 minutos.
2. Agrega la carne, revuelve y cocina por 5 minutos más.
3. Agrega los tomates y los demás ingredientes, lleva a fuego lento y cocina a fuego medio durante 10 minutos.
4. Divida la mezcla entre platos y sirva.

Nutrición: calorías 320, grasa 12.2, fibra 5.3, carbohidratos 33.3, proteína 15

Alcachofas de tomate y pollo con chile

Tiempo de preparación: 10 minutos.
Tiempo de cocción: 20 minutos.
Porciones: 4

Ingredientes:
- 2 chiles rojos picados
- 1 cucharada de aceite de oliva
- 1 cebolla amarilla picada
- 1 libra de pechugas de pollo, sin piel, deshuesadas y en cubos
- 1 taza de tomates triturados
- 10 onzas de corazones de alcachofa enlatados, escurridos y cortados en cuartos
- Pimienta negra al gusto
- ½ taza de caldo de pollo bajo en sodio
- 2 cucharadas de jugo de lima

Direcciones:
1. Calentar una sartén con el aceite a fuego medio, agregar la cebolla y los chiles, remover y sofreír por 5 minutos.
2. Agrega la carne, revuelve y dora por 5 minutos más.
3. Agrega el resto de los ingredientes, lleva a fuego lento a fuego medio y cocina por 10 minutos.
4. Divida la mezcla entre platos y sirva.

Nutrición: calorías 280, grasa 11.3, fibra 5, carbohidratos 14.5, proteína 13.5

Mezcla de pollo y remolacha

Tiempo de preparación: 10 minutos.
Tiempo de cocción: 0 minutos.
Porciones: 4

Ingredientes:
- 1 zanahoria rallada
- 2 remolachas, peladas y ralladas
- ½ taza de mayonesa de aguacate
- 1 taza de pechuga de pollo ahumada, sin piel, deshuesada, cocida y desmenuzada
- 1 cucharadita de cebollino picado

Direcciones:
1. En un bol, combine el pollo con la remolacha y los demás ingredientes, mezcle y sirva de inmediato.

Nutrición: calorías 288, grasa 24.6, fibra 1.4, carbohidratos 6.5, proteína 14

Pavo con Ensalada de Apio

Tiempo de preparación: 4 minutos.
Tiempo de cocción: 0 minutos.
Porciones: 4

Ingredientes:
- 2 tazas de pechuga de pavo, sin piel, deshuesada, cocida y desmenuzada
- 1 taza de tallos de apio picados
- 2 cebolletas picadas
- 1 taza de aceitunas negras, sin hueso y cortadas por la mitad
- 1 cucharada de aceite de oliva
- 1 cucharadita de jugo de lima
- 1 taza de yogur descremado

Direcciones:
1. En un bol, combine el pavo con el apio y los demás ingredientes, mezcle y sirva frío.

Nutrición: calorías 157, grasa 8, fibra 2, carbohidratos 10.8, proteína 11.5

Mezcla de muslos de pollo y uvas

Tiempo de preparación: 10 minutos.
Tiempo de cocción: 40 minutos.
Porciones: 4

Ingredientes:
- 1 zanahoria en cubos
- 1 cebolla amarilla, cortada en rodajas
- 1 cucharada de aceite de oliva
- 1 taza de tomates en cubos
- ¼ de taza de caldo de pollo bajo en sodio
- 2 dientes de ajo picados
- 1 libra de muslos de pollo, sin piel y deshuesados
- 1 taza de uvas verdes
- Pimienta negra al gusto

Direcciones:
1. Engrasa un molde para hornear con el aceite, acomoda los muslos de pollo por dentro y agrega los demás ingredientes por encima.
2. Hornee a 390 grados F durante 40 minutos, divida entre platos y sirva.

Nutrición: calorías 289, grasa 12.1, fibra 1.7, carbohidratos 10.3, proteína 33.9

Pavo y Limón Cebada

Tiempo de preparación: 5 minutos.
Tiempo de cocción: 55 minutos.
Porciones: 4

Ingredientes:
- 1 cucharada de aceite de oliva
- 1 pechuga de pavo, sin piel, deshuesada y en rodajas
- Pimienta negra al gusto
- 2 tallos de apio picados
- 1 cebolla morada picada
- 2 tazas de caldo de pollo bajo en sodio
- ½ taza de cebada
- 1 cucharadita de ralladura de limón rallada
- 1 cucharada de jugo de limón
- 1 cucharada de cebollino picado

Direcciones:
1. Calentar una olla con el aceite a fuego medio-alto, agregar la carne y la cebolla, remover y dorar por 5 minutos.
2. Agregue el apio y los demás ingredientes, mezcle, cocine a fuego lento, reduzca el fuego a medio, cocine a fuego lento durante 50 minutos, divida en tazones y sirva.

Nutrición: calorías 150, grasa 4.5, fibra 4.9, carbohidratos 20.8, proteína 7.5

Pavo con Mezcla de Remolacha y Rábanos

Tiempo de preparación: 10 minutos.
Tiempo de cocción: 35 minutos.
Porciones: 4

Ingredientes:
- 1 pechuga de pavo, sin piel, deshuesada y en cubos
- 2 remolachas rojas, peladas y en cubos
- 1 taza de rábanos, en cubos
- 1 cebolla morada picada
- ¼ de taza de caldo de pollo bajo en sodio
- Pimienta negra al gusto
- 1 cucharada de aceite de oliva
- 2 cucharadas de cebollino picado

Direcciones:
1. Calentar una sartén con el aceite a fuego medio-alto, agregar la carne y la cebolla, remover y dorar por 5 minutos.
2. Agrega la remolacha, los rábanos y los demás ingredientes, lleva a fuego lento y cocina a fuego medio durante 30 minutos más.
3. Divida la mezcla entre platos y sirva.

Nutrición: calorías 113, grasa 4.4, fibra 2.3, carbohidratos 10.4, proteína 8.8

Mezcla de cerdo con ajo

Tiempo de preparación: 10 minutos.
Tiempo de cocción: 45 minutos.
Porciones: 8

Ingredientes:
- 2 libras de carne de cerdo, deshuesada y en cubos
- 1 cebolla morada picada
- 1 cucharada de aceite de oliva
- 3 dientes de ajo picados
- 1 taza de caldo de res bajo en sodio
- 2 cucharadas de pimentón dulce
- Pimienta negra al gusto
- 1 cucharada de cebollino picado

Direcciones:
1. Calentar una sartén con el aceite a fuego medio, agregar la cebolla y la carne, revolver y dorar por 5 minutos.
2. Agrega el resto de los ingredientes, revuelve, reduce el fuego a medio, tapa y cocina por 40 minutos.
3. Divida la mezcla entre platos y sirva.

Nutrición: calorías 407, grasa 35.4, fibra 1, carbohidratos 5, proteína 14.9

Cerdo al pimentón con zanahorias

Tiempo de preparación: 10 minutos.
Tiempo de cocción: 30 minutos.
Porciones: 4

Ingredientes:
- 1 libra de carne de estofado de cerdo, en cubos
- ¼ de taza de caldo de verduras bajo en sodio
- 2 zanahorias, peladas y en rodajas
- 2 cucharadas de aceite de oliva
- 1 cebolla morada en rodajas
- 2 cucharaditas de pimentón dulce
- Pimienta negra al gusto

Direcciones:
1. Calienta una sartén con el aceite a fuego medio, agrega la cebolla, revuelve y sofríe por 5 minutos.
2. Agrega la carne, revuelve y dora por 5 minutos más.
3. Agrega el resto de los ingredientes, lleva a fuego lento y cocina a fuego medio durante 20 minutos.
4. Divida la mezcla entre platos y sirva.

Nutrición: calorías 328, grasa 18.1, fibra 1.8, carbohidratos 6.4, proteína 34

Carne de cerdo con jengibre y cebollas

Tiempo de preparación: 10 minutos.
Tiempo de cocción: 35 minutos.
Porciones: 4

Ingredientes:
- 2 cebollas rojas, en rodajas
- 2 cebollas verdes picadas
- 1 cucharada de aceite de oliva
- 2 cucharaditas de jengibre rallado
- 4 chuletas de cerdo
- 3 dientes de ajo picados
- Pimienta negra al gusto
- 1 zanahoria picada
- 1 taza de caldo de res bajo en sodio
- 2 cucharadas de pasta de tomate
- 1 cucharada de cilantro picado

Direcciones:
1. Calienta una sartén con el aceite a fuego medio, agrega las cebollas verde y roja, revuelve y saltea por 3 minutos.
2. Agrega el ajo y el jengibre, revuelve y cocina por 2 minutos más.
3. Agrega las chuletas de cerdo y cocínalas 2 minutos por cada lado.
4. Agrega el resto de los ingredientes, lleva a fuego lento y cocina a fuego medio por 25 minutos más.
5. Divida la mezcla entre platos y sirva.

Nutrición: calorías 332, grasa 23.6, fibra 2.3, carbohidratos 10.1, proteína 19.9

Carne de cerdo al comino

Tiempo de preparación: 10 minutos.
Tiempo de cocción: 45 minutos.
Porciones: 4

Ingredientes:
- ½ taza de caldo de res bajo en sodio
- 2 cucharadas de aceite de oliva
- 2 libras de carne de cerdo para estofado, en cubos
- 1 cucharadita de cilantro molido
- 2 cucharaditas de comino molido
- Pimienta negra al gusto
- 1 taza de tomates cherry, cortados por la mitad
- 4 dientes de ajo picados
- 1 cucharada de cilantro picado

Direcciones:
1. Calentar una sartén con el aceite a fuego medio, agregar el ajo y la carne, remover y dorar por 5 minutos.
2. Agrega el caldo y los demás ingredientes, lleva a fuego lento y cocina a fuego medio durante 40 minutos.
3. Divida todo entre platos y sirva.

Nutrición: calorías 559, grasa 29,3, fibra 0,7, carbohidratos 3,2, proteína 67,4

Mezcla de cerdo y verduras

Tiempo de preparación: 10 minutos.
Tiempo de cocción: 20 minutos.
Porciones: 4

Ingredientes:
- 2 cucharadas de vinagre balsámico
- 1/3 taza de aminoácidos de coco
- 1 cucharada de aceite de oliva
- 4 onzas de verduras mixtas para ensalada
- 1 taza de tomates cherry, cortados por la mitad
- 4 onzas de carne de cerdo para estofado, cortada en tiras
- 1 cucharada de cebollino picado

Direcciones:
1. Calienta una sartén con el aceite a fuego medio, agrega la carne de cerdo, los aminoácidos y el vinagre, revuelve y cocina por 15 minutos.
2. Agregue las hojas de ensalada y los demás ingredientes, mezcle, cocine por 5 minutos más, divida en platos y sirva.

Nutrición: calorías 125, grasa 6.4, fibra 0.6, carbohidratos 6.8, proteína 9.1

Sartén de cerdo con tomillo

Tiempo de preparación: 10 minutos.
Tiempo de cocción: 25 minutos.
Porciones: 4

Ingredientes:
- 1 libra de lomo de cerdo, recortado y en cubos
- 1 cucharada de aceite de oliva
- 1 cebolla amarilla picada
- 3 dientes de ajo picados
- 1 cucharada de tomillo seco
- 1 taza de caldo de pollo bajo en sodio
- 2 cucharadas de pasta de tomate baja en sodio
- 1 cucharada de cilantro picado

Direcciones:
1. Calienta una sartén con el aceite a fuego medio-alto, agrega la cebolla y el ajo, revuelve y cocina por 5 minutos.
2. Agrega la carne, revuelve y cocina por 5 minutos más.
3. Agregue el resto de los ingredientes, mezcle, cocine a fuego lento, reduzca el fuego a medio y cocine la mezcla por 15 minutos más.
4. Divida la mezcla entre platos y sirva de inmediato.

Nutrición: calorías 281, grasa 11.2, fibra 1.4, carbohidratos 6.8, proteína 37.1

Mejorana de cerdo y calabacines

Tiempo de preparación: 10 minutos.
Tiempo de cocción: 30 minutos.
Porciones: 4

Ingredientes:
- 2 libras de lomo de cerdo deshuesado, recortado y en cubos
- 2 cucharadas de aceite de aguacate
- ¾ taza de caldo de verduras bajo en sodio
- ½ cucharada de ajo en polvo
- 1 cucharada de mejorana picada
- 2 calabacines, cortados en cubos
- 1 cucharadita de pimentón dulce
- Pimienta negra al gusto

Direcciones:
1. Calentar una sartén con el aceite a fuego medio-alto, agregar la carne, el ajo en polvo y la mejorana, remover y cocinar por 10 minutos.
2. Agregue los calabacines y los demás ingredientes, mezcle, cocine a fuego lento, reduzca el fuego a medio y cocine la mezcla por 20 minutos más.
3. Divida todo entre platos y sirva.

Nutrición: calorías 359, grasa 9.1, fibra 2.1, carbohidratos 5.7, proteína 61.4

Cerdo especiado

Tiempo de preparación: 10 minutos.
Tiempo de cocción: 8 horas.
Porciones: 4

Ingredientes:
- 3 cucharadas de aceite de oliva
- 2 libras de lomo de cerdo asado
- 2 cucharaditas de pimentón dulce
- 1 cucharadita de ajo en polvo
- 1 cucharadita de cebolla en polvo
- 1 cucharadita de nuez moscada molida
- 1 cucharadita de pimienta de Jamaica, molida
- Pimienta negra al gusto
- 1 taza de caldo de verduras bajo en sodio

Direcciones:
1. En su olla de cocción lenta, combine el asado con el aceite y los otros ingredientes, mezcle, tape y cocine a temperatura baja durante 8 horas.
2. Cortar el asado en rodajas, dividirlo en platos y servir con el jugo de la cocción rociado por encima.

Nutrición: calorías 689, grasa 57.1, fibra 1, carbohidratos 3.2, proteína 38.8

Carne de cerdo con coco y apio

Tiempo de preparación: 10 minutos.
Tiempo de cocción: 35 minutos.
Porciones: 4

Ingredientes:
- 2 libras de carne de cerdo para estofado, en cubos
- 2 cucharadas de aceite de oliva
- 1 taza de caldo de verduras bajo en sodio
- 1 tallo de apio picado
- 1 cucharadita de pimienta negra en grano
- 2 chalotas picadas
- 1 cucharada de cebollino picado
- 1 taza de crema de coco
- Pimienta negra al gusto

Direcciones:
1. Calentar una sartén con el aceite a fuego medio, agregar las chalotas y la carne, remover y dorar por 5 minutos.
2. Agregue el apio y los demás ingredientes, mezcle, cocine a fuego lento y cocine a fuego medio durante 30 minutos más.
3. Divida todo entre platos y sirva de inmediato.

Nutrición: calorías 690, grasa 43.3, fibra 1.8, carbohidratos 5.7, proteína 6.2

Mezcla de cerdo y tomates

Tiempo de preparación: 10 minutos.
Tiempo de cocción: 30 minutos.
Porciones: 4

Ingredientes:
- 2 dientes de ajo picados
- 2 libras de carne de cerdo para estofado, molida
- 2 tazas de tomates cherry, cortados por la mitad
- 1 cucharada de aceite de oliva
- Pimienta negra al gusto
- 1 cebolla morada picada
- ½ taza de caldo de verduras bajo en sodio
- 2 cucharadas de pasta de tomate baja en sodio
- 1 cucharada de perejil picado

Direcciones:
1. Calienta una sartén con el aceite a fuego medio, agrega la cebolla y el ajo, revuelve y sofríe por 5 minutos.
2. Agrega la carne y dórala por 5 minutos más.
3. Agregue el resto de los ingredientes, mezcle, cocine a fuego lento, cocine a fuego medio por 20 minutos más, divida en tazones y sirva.

Nutrición: calorías 558, grasa 25.6, fibra 2.4, carbohidratos 10.1, proteína 68.7

Chuletas de cerdo con salvia

Tiempo de preparación: 10 minutos.
Tiempo de cocción: 35 minutos.
Porciones: 4

Ingredientes:
- 4 chuletas de cerdo
- 2 cucharadas de aceite de oliva
- 1 cucharadita de pimentón ahumado
- 1 cucharada de salvia picada
- 2 dientes de ajo picados
- 1 cucharada de jugo de limón
- Pimienta negra al gusto

Direcciones:
1. En una fuente para hornear, combine las chuletas de cerdo con el aceite y los demás ingredientes, mezcle, introduzca en el horno y hornee a 400 grados F durante 35 minutos.
2. Divida las chuletas de cerdo entre platos y sírvalas con una ensalada.

Nutrición: calorías 263, grasa 12.4, fibra 6, carbohidratos 22.2, proteína 16

Carne de cerdo tailandesa y berenjena

Tiempo de preparación: 10 minutos.
Tiempo de cocción: 30 minutos.
Porciones: 4

Ingredientes:
- 1 libra de carne de estofado de cerdo, en cubos
- 1 berenjena en cubos
- 1 cucharada de aminoácidos de coco
- 1 cucharadita de cinco especias
- 2 dientes de ajo picados
- 2 chiles tailandeses, picados
- 2 cucharadas de aceite de oliva
- 2 cucharadas de pasta de tomate baja en sodio
- 1 cucharada de cilantro picado
- ½ taza de caldo de verduras bajo en sodio

Direcciones:
1. Calentar una sartén con el aceite a fuego medio-alto, agregar el ajo, los chiles y la carne y dorar por 6 minutos.
2. Agrega la berenjena y los demás ingredientes, lleva a fuego lento y cocina a fuego medio durante 24 minutos.
3. Divida la mezcla entre platos y sirva.

Nutrición: calorías 320, grasa 13.4, fibra 5.2, carbohidratos 22.8, proteína 14

Cebolletas De Cerdo Y Lima

Tiempo de preparación: 10 minutos.
Tiempo de cocción: 30 minutos.
Porciones: 4

Ingredientes:
- 2 cucharadas de jugo de lima
- 4 cebolletas picadas
- 1 libra de carne de estofado de cerdo, en cubos
- 2 dientes de ajo picados
- 2 cucharadas de aceite de oliva
- Pimienta negra al gusto
- ½ taza de caldo de verduras bajo en sodio
- 1 cucharada de cilantro picado

Direcciones:
1. Calienta una sartén con el aceite a fuego medio, agrega las cebolletas y el ajo, revuelve y cocina por 5 minutos.
2. Agrega la carne, revuelve y cocina por 5 minutos más.
3. Agrega el resto de los ingredientes, lleva a fuego lento y cocina a fuego medio durante 20 minutos.
4. Divida la mezcla entre platos y sirva.

Nutrición: calorías 273, grasa 22.4, fibra 5, carbohidratos 12.5, proteína 18

Cerdo balsámico

Tiempo de preparación: 10 minutos.
Tiempo de cocción: 30 minutos.
Porciones: 4

Ingredientes:
- 1 cebolla morada en rodajas
- 1 libra de carne de estofado de cerdo, en cubos
- 2 chiles rojos picados
- 2 cucharadas de vinagre balsámico
- ½ taza de hojas de cilantro picadas
- Pimienta negra al gusto
- 2 cucharadas de aceite de oliva
- 1 cucharada de salsa de tomate baja en sodio

Direcciones:
1. Calienta una sartén con el aceite a fuego medio, agrega la cebolla y los chiles, revuelve y cocina por 5 minutos.
2. Agrega la carne, revuelve y cocina por 5 minutos más.
3. Agregue el resto de los ingredientes, mezcle, cocine a fuego lento y cocine a fuego medio durante 20 minutos más.
4. Divida todo entre platos y sirva de inmediato.

Nutrición: calorías 331, grasa 13,3, fibra 5, carbohidratos 22,7, proteína 17

Cerdo al pesto

Tiempo de preparación: 10 minutos.
Tiempo de cocción: 36 minutos.
Porciones: 4

Ingredientes:
- 2 cucharadas de aceite de oliva
- 2 cebolletas picadas
- 500 g de chuletas de cerdo
- 2 cucharadas de pesto de albahaca
- 1 taza de tomates cherry, en cubos
- 2 cucharadas de pasta de tomate baja en sodio
- ½ taza de perejil picado
- ½ taza de caldo de verduras bajo en sodio
- Pimienta negra al gusto

Direcciones:
1. Calentar una sartén con el aceite de oliva a fuego medio-alto, agregar las cebolletas y las chuletas de cerdo y dorar durante 3 minutos por cada lado.
2. Agregue el pesto y los demás ingredientes, mezcle suavemente, lleve a fuego lento y cocine a fuego medio durante 30 minutos más.
3. Divida todo entre platos y sirva.

Nutrición: calorías 293, grasa 11.3, fibra 4.2, carbohidratos 22.2, proteína 14

Pimientos de cerdo y perejil

Tiempo de preparación: 10 minutos.
Tiempo de cocción: 1 hora.
Porciones: 4

Ingredientes:
- 1 pimiento verde picado
- 1 pimiento rojo picado
- 1 pimiento amarillo picado
- 1 cebolla morada picada
- 500 g de chuletas de cerdo
- 1 cucharada de aceite de oliva
- Pimienta negra al gusto
- 26 onzas de tomates enlatados, sin sal agregada y picados
- 2 cucharadas de perejil picado

Direcciones:
1. Engrasa una fuente para asar con el aceite, acomoda las chuletas de cerdo por dentro y agrega los demás ingredientes por encima.
2. Hornee a 390 grados F durante 1 hora, divida todo entre platos y sirva.

Nutrición: calorías 284, grasa 11.6, fibra 2.6, carbohidratos 22.2, proteína 14

Mezcla de comino y cordero

Tiempo de preparación: 10 minutos.
Tiempo de cocción: 25 minutos.
Porciones: 4

Ingredientes:
- 1 cucharada de aceite de oliva
- 1 cebolla morada picada
- 1 taza de tomates cherry, cortados por la mitad
- 1 libra de carne de estofado de cordero, molida
- 1 cucharada de chile en polvo
- Pimienta negra al gusto
- 2 cucharaditas de comino molido
- 1 taza de caldo de verduras bajo en sodio
- 2 cucharadas de cilantro picado

Direcciones:
1. Calentar la sartén con el aceite a fuego medio-alto, agregar la cebolla, el cordero y el chile en polvo, remover y cocinar por 10 minutos.
2. Agrega el resto de los ingredientes, revuelve, cocina a fuego medio por 15 minutos más.
3. Dividir en tazones y servir.

Nutrición: calorías 320, grasa 12,7, fibra 6, carbohidratos 14.3, proteína 22

Cerdo con Rábanos y Judías Verdes

Tiempo de preparación: 10 minutos.
Tiempo de cocción: 35 minutos.
Porciones: 4

Ingredientes:
- 1 libra de carne de estofado de cerdo, en cubos
- 1 taza de rábanos, en cubos
- ½ libra de ejotes, cortados y cortados por la mitad
- 1 cebolla amarilla picada
- 1 cucharada de aceite de oliva
- 2 dientes de ajo picados
- 1 taza de tomates enlatados, sin sal y picados
- 2 cucharaditas de orégano seco
- Pimienta negra al gusto

Direcciones:
1. Calienta una sartén con el aceite a fuego medio-alto, agrega la cebolla y el ajo, revuelve y cocina por 5 minutos.
2. Agrega la carne, revuelve y cocina por 5 minutos más.
3. Agrega el resto de los ingredientes, lleva a fuego lento y cocina a fuego medio durante 25 minutos.
4. Divida todo en tazones y sirva.

Nutrición: calorías 289, grasa 12, fibra 8, carbohidratos 13.2, proteína 20

Cordero de hinojo y champiñones

Tiempo de preparación: 10 minutos.
Tiempo de cocción: 40 minutos.
Porciones: 4

Ingredientes:
- 1 libra de paleta de cordero, deshuesada y en cubos
- 8 champiñones blancos, cortados por la mitad
- 2 cucharadas de aceite de oliva
- 1 cebolla amarilla picada
- 2 dientes de ajo picados
- 1 y ½ cucharada de hinojo en polvo
- Pimienta negra al gusto
- Un manojo de cebolletas picadas
- 1 taza de caldo de verduras bajo en sodio

Direcciones:
1. Calienta una sartén con el aceite a fuego medio, agrega la cebolla y el ajo, revuelve y cocina por 5 minutos.
2. Agrega la carne y los champiñones, revuelve y cocina por 5 minutos más.
3. Agregue los otros ingredientes, mezcle, cocine a fuego lento y cocine a fuego medio durante 30 minutos.
4. Divida la mezcla en tazones y sirva.

Nutrición: calorías 290, grasa 15,3, fibra 7, carbohidratos 14,9, proteína 14

Sartén de Cerdo y Espinacas

Tiempo de preparación: 10 minutos.
Tiempo de cocción: 30 minutos.
Porciones: 4

Ingredientes:
- 1 libra de carne de cerdo, molida
- 2 cucharadas de aceite de oliva
- 1 cebolla morada picada
- ½ libra de espinacas tiernas
- 4 dientes de ajo picados
- ½ taza de caldo de verduras bajo en sodio
- ½ taza de tomates enlatados, sin sal agregada, picados
- Pimienta negra al gusto
- 1 cucharada de cebollino picado

Direcciones:
1. Calienta una sartén con el aceite a fuego medio-alto, agrega la cebolla y el ajo, revuelve y cocina por 5 minutos.
2. Agrega la carne, revuelve y dora por 5 minutos más.
3. Agregue el resto de los ingredientes excepto la espinaca, mezcle, cocine a fuego lento, reduzca el fuego a medio y cocine por 15 minutos.
4. Agrega las espinacas, revuelve, cocina la mezcla por otros 5 minutos, divide todo en tazones y sirve.

Nutrición: calorías 270, grasa 12, fibra 6, carbohidratos 22.2, proteína 23

Cerdo con Aguacates

Tiempo de preparación: 10 minutos.
Tiempo de cocción: 15 minutos.
Porciones: 4

Ingredientes:
- 2 tazas de espinacas tiernas
- 1 libra de filete de cerdo, cortado en tiras
- 1 cucharada de aceite de oliva
- 1 taza de tomates cherry, cortados por la mitad
- 2 aguacates, pelados, sin hueso y cortados en gajos
- 1 cucharada de vinagre balsámico
- ½ taza de caldo de verduras bajo en sodio

Direcciones:
1. Calienta una sartén con el aceite a fuego medio-alto, agrega la carne, revuelve y cocina por 10 minutos.
2. Agrega las espinacas y los demás ingredientes, revuelve, cocina por 5 minutos más, divide en tazones y sirve.

Nutrición: calorías 390, grasa 12.5, fibra 4, carbohidratos 16.8, proteína 13.5

Mezcla de Manzanas y Cerdo

Tiempo de preparación: 10 minutos.
Tiempo de cocción: 40 minutos.
Porciones: 4

Ingredientes:
- 2 libras de carne de cerdo para estofado, cortada en tiras
- 2 manzanas verdes, sin corazón y cortadas en gajos
- 2 dientes de ajo picados
- 2 chalotas picadas
- 1 cucharada de pimentón dulce
- ½ cucharadita de chile en polvo
- 2 cucharadas de aceite de aguacate
- 1 taza de caldo de pollo bajo en sodio
- Pimienta negra al gusto
- Una pizca de hojuelas de ají rojo

Direcciones:
1. Calienta una sartén con el aceite a fuego medio, agrega las chalotas y el ajo, revuelve y sofríe por 5 minutos.
2. Agrega la carne y dora por otros 5 minutos.
3. Agregue las manzanas y los demás ingredientes, mezcle, cocine a fuego lento y cocine a fuego medio durante 30 minutos más.
4. Divida todo entre platos y sirva.

Nutrición: calorías 365, grasa 7, fibra 6, carbohidratos 15.6, proteína 32.4

Chuletas de cerdo con canela

Tiempo de preparación: 10 minutos.
Hora de cocinar: 1 hora y 10 minutos
Porciones: 4

Ingredientes:
- 4 chuletas de cerdo
- 2 cucharadas de aceite de oliva
- 2 dientes de ajo picados
- ¼ de taza de caldo de verduras bajo en sodio
- 1 cucharada de canela en polvo
- Pimienta negra al gusto
- 1 cucharadita de chile en polvo
- ½ cucharadita de cebolla en polvo

Direcciones:
1. En una fuente para asar, combine las chuletas de cerdo con el aceite y los demás ingredientes, mezcle, introduzca en el horno y hornee a 390 grados F durante 1 hora y 10 minutos.
2. Divida las chuletas de cerdo entre platos y sírvalas con una ensalada.

Nutrición: calorías 288, grasa 5.5, fibra 6, carbohidratos 12.7, proteína 23

Chuletas de cerdo con coco

Tiempo de preparación: 10 minutos.
Tiempo de cocción: 20 minutos.
Porciones: 4

Ingredientes:
- 2 cucharadas de aceite de oliva
- 4 chuletas de cerdo
- 1 cebolla amarilla picada
- 1 cucharada de chile en polvo
- 1 taza de leche de coco
- ¼ de taza de cilantro picado

Direcciones:
1. Calienta una sartén con el aceite a fuego medio-alto, agrega la cebolla y el chile en polvo, revuelve y sofríe por 5 minutos.
2. Agrega las chuletas de cerdo y dóralas por 2 minutos por cada lado.
3. Agregue la leche de coco, mezcle, cocine a fuego lento y cocine a fuego medio durante 11 minutos más.
4. Agrega el cilantro, revuelve, divide todo en tazones y sirve.

Nutrición: calorías 310, grasa 8, fibra 6, carbohidratos 16.7, proteína 22.1

Carne de cerdo con mezcla de melocotones

Tiempo de preparación: 10 minutos.
Tiempo de cocción: 25 minutos.
Porciones: 4

Ingredientes:
- 2 libras de lomo de cerdo, cortado en cubos
- 2 duraznos, sin hueso y cortados en cuartos
- ¼ de cucharadita de cebolla en polvo
- 2 cucharadas de aceite de oliva
- ¼ de cucharadita de pimentón ahumado
- ¼ de taza de caldo de verduras bajo en sodio
- Pimienta negra al gusto

Direcciones:
1. Calienta una sartén con el aceite a fuego medio, agrega la carne, revuelve y cocina por 10 minutos.
2. Agregue los duraznos y los demás ingredientes, mezcle, cocine a fuego lento y cocine a fuego medio durante 15 minutos más.
3. Divida toda la mezcla entre platos y sirva.

Nutrición: calorías 290, grasa 11.8, fibra 5.4, carbohidratos 13.7, proteína 24

Cordero al Cacao y Rábanos

Tiempo de preparación: 10 minutos.
Tiempo de cocción: 35 minutos.
Porciones: 4

Ingredientes:
- ½ taza de caldo de verduras bajo en sodio
- 1 libra de carne de estofado de cordero, en cubos
- 1 taza de rábanos, en cubos
- 1 cucharada de cacao en polvo
- Pimienta negra al gusto
- 1 cebolla amarilla picada
- 1 cucharada de aceite de oliva
- 2 dientes de ajo picados
- 1 cucharada de perejil picado

Direcciones:
1. Calienta una sartén con el aceite a fuego medio-alto, agrega la cebolla y el ajo, revuelve y sofríe por 5 minutos.
2. Agregue la carne, mezcle y dore durante 2 minutos por cada lado.
3. Agregue el caldo y los demás ingredientes, mezcle, cocine a fuego lento y cocine a fuego medio durante 25 minutos más.
4. Divida todo entre platos y sirva.

Nutrición: calorías 340, grasa 12.4, fibra 9.3, carbohidratos 33.14, proteína 20

Cerdo al limón y alcachofas

Tiempo de preparación: 10 minutos.
Tiempo de cocción: 25 minutos.
Porciones: 4

Ingredientes:
- 2 libras de carne de cerdo para estofado, cortada en tiras
- 2 cucharadas de aceite de aguacate
- 1 cucharada de jugo de limón
- 1 cucharada de ralladura de limón rallada
- 1 taza de alcachofas enlatadas, escurridas y cortadas en cuartos
- 1 cebolla morada picada
- 2 dientes de ajo picados
- ½ cucharadita de chile en polvo
- Pimienta negra al gusto
- 1 cucharadita de pimentón dulce
- 1 jalapeño picado
- ¼ de taza de caldo de verduras bajo en sodio
- ¼ taza de romero picado

Direcciones:
1. Calienta una sartén con el aceite a fuego medio-alto, agrega la cebolla y el ajo, revuelve y sofríe por 4 minutos.
2. Agrega la carne, las alcachofas, el chile en polvo, el jalapeño y el pimentón, revuelve y cocina por 6 minutos más.
3. Agregue el resto de los ingredientes, mezcle, cocine a fuego lento y cocine a fuego medio durante 15 minutos más.

4. Divida toda la mezcla en tazones y sirva.

Nutrición: calorías 350, grasa 12, fibra 4.3, carbohidratos 35.7, proteína 14.5

Cerdo con Salsa de Cilantro

Tiempo de preparación: 10 minutos.
Tiempo de cocción: 20 minutos.
Porciones: 4

Ingredientes:
- 2 libras de carne de cerdo para estofado, cortada en cubos aproximadamente
- 1 taza de hojas de cilantro
- 4 cucharadas de aceite de oliva
- 1 cucharada de piñones
- 1 cucharada de parmesano sin grasa rallado
- 1 cucharada de jugo de limón
- 1 cucharadita de chile en polvo
- Pimienta negra al gusto

Direcciones:
1. En una licuadora, combine el cilantro con los piñones, 3 cucharadas de aceite, parmesano y jugo de limón y presione bien.
2. Calentar una sartén con el aceite restante a fuego medio, agregar la carne, el chile en polvo y la pimienta negra, revolver y dorar por 5 minutos.
3. Agrega la salsa de cilantro y cocina a fuego medio por 15 minutos más, revolviendo de vez en cuando.
4. Divida la carne de cerdo en platos y sírvala enseguida.

Nutrición: calorías 270, grasa 6.6, fibra 7, carbohidratos 12.6, proteína 22.4

Cerdo con Mezcla de Mango

Tiempo de preparación: 10 minutos.
Tiempo de cocción: 25 minutos.
Porciones: 4

Ingredientes:
- 2 chalotas picadas
- 2 cucharadas de aceite de aguacate
- 1 libra de carne de estofado de cerdo, en cubos
- 1 mango, pelado y cortado en cubos
- 2 dientes de ajo picados
- 1 taza de tomates picados
- Pimienta negra al gusto
- ½ taza de albahaca picada

Direcciones:
1. Calienta una sartén con el aceite a fuego medio, agrega las chalotas y el ajo, revuelve y cocina por 5 minutos.
2. Agrega la carne, revuelve y cocina por 5 minutos más.
3. Agregue el resto de los ingredientes, mezcle, cocine a fuego lento y cocine a fuego medio durante 15 minutos más.
4. Divida la mezcla en tazones y sirva.

Nutrición: calorías 361, grasa 11, fibra 5.1, carbohidratos 16.8, proteína 22

Batatas de cerdo al romero y limón

Tiempo de preparación: 10 minutos.
Tiempo de cocción: 35 minutos.
Porciones: 4

Ingredientes:
- 1 cebolla morada, cortada en gajos
- 2 batatas, peladas y cortadas en gajos
- 4 chuletas de cerdo
- 1 cucharada de romero picado
- 1 cucharada de jugo de limón
- 2 cucharaditas de aceite de oliva
- Pimienta negra al gusto
- 2 cucharaditas de tomillo picado
- ½ taza de caldo de verduras bajo en sodio

Direcciones:
1. En una fuente para asar, combine las chuletas de cerdo con las papas, la cebolla y los demás ingredientes y mezcle suavemente.
2. Hornee a 400 grados F durante 35 minutos, divida todo entre platos y sirva.

Nutrición: calorías 410, grasa 14.7, fibra 14.2, carbohidratos 15.3, proteína 33.4

Cerdo con Garbanzos

Tiempo de preparación: 10 minutos.
Tiempo de cocción: 25 minutos.
Porciones: 4

Ingredientes:
- 1 libra de carne de estofado de cerdo, en cubos
- 1 taza de garbanzos enlatados, sin sal agregada, escurridos
- 1 cebolla amarilla picada
- 1 cucharada de aceite de oliva
- Pimienta negra al gusto
- 10 onzas de tomates enlatados, sin sal y picados
- 2 cucharadas de cilantro picado

Direcciones:
1. Calienta una sartén con el aceite a fuego medio-alto, agrega la cebolla, revuelve y sofríe por 5 minutos.
2. Agrega la carne, revuelve y cocina por 5 minutos más.
3. Agregue el resto de los ingredientes, mezcle, cocine a fuego medio durante 15 minutos, divida todo en tazones y sirva.

Nutrición: calorías 476, grasa 17.6, fibra 10.2, carbohidratos 35.7, proteína 43.8

Chuletas de cordero con col rizada

Tiempo de preparación: 10 minutos.
Tiempo de cocción: 35 minutos.
Porciones: 4

Ingredientes:
- 1 taza de col rizada, desgarrada
- 500 g de chuletas de cordero
- ½ taza de caldo de verduras bajo en sodio
- 2 cucharadas de pasta de tomate baja en sodio
- 1 cebolla amarilla, cortada en rodajas
- 1 cucharada de aceite de oliva
- Una pizca de pimienta negra

Direcciones:
1. Engrase una fuente para asar con el aceite, acomode las chuletas de cordero adentro, agregue también la col rizada y los demás ingredientes y mezcle suavemente.
2. Hornee todo a 390 grados F durante 35 minutos, divida entre platos y sirva.

Nutrición: calorías 275, grasa 11.8, fibra 1.4, carbohidratos 7.3, proteína 33.6

Cordero al ají

Tiempo de preparación: 10 minutos.
Tiempo de cocción: 45 minutos.
Porciones: 4

Ingredientes:
- 2 libras de carne de estofado de cordero, en cubos
- 1 cucharada de aceite de aguacate
- 1 cucharadita de chile en polvo
- 1 cucharadita de pimentón picante
- 2 cebollas rojas, picadas
- 1 taza de caldo de verduras bajo en sodio
- ½ taza de salsa de tomate baja en sodio
- 1 cucharada de cilantro picado

Direcciones:
1. Calentar una olla con el aceite a fuego medio, agregar la cebolla y la carne y dorar por 10 minutos.
2. Agregue el chile en polvo y los demás ingredientes excepto el cilantro, mezcle, deje hervir a fuego lento y cocine a fuego medio por 35 minutos más.
3. Divida la mezcla en tazones y sirva con el cilantro espolvoreado encima.

Nutrición: calorías 463, grasa 17.3, fibra 2.3, carbohidratos 8.4, proteína 65.1

Cerdo con Puerros al Pimentón

Tiempo de preparación: 10 minutos.
Tiempo de cocción: 45 minutos.
Porciones: 4

Ingredientes:
- 2 libras de carne de cerdo para estofado, cortada en cubos aproximadamente
- 2 puerros, en rodajas
- 2 cucharadas de aceite de oliva
- 2 dientes de ajo picados
- 1 cucharadita de pimentón dulce
- 1 cucharada de perejil picado
- 1 taza de caldo de verduras bajo en sodio
- Pimienta negra al gusto

Direcciones:
1. Calentar una sartén con el aceite a fuego medio, agregar los puerros, el ajo y el pimentón, remover y cocinar por 10 minutos.
2. Agrega la carne y dórala por 5 minutos más.
3. Agregue los ingredientes restantes, mezcle, cocine a fuego medio durante 30 minutos, divida todo en tazones y sirva.

Nutrición: calorías 577, grasa 29.1, fibra 1.3, carbohidratos 8.2, proteína 67.5

Chuletas de cerdo y guisantes

Tiempo de preparación: 10 minutos.
Tiempo de cocción: 25 minutos.
Porciones: 4

Ingredientes:
- 4 chuletas de cerdo
- 2 cucharadas de aceite de oliva
- 2 chalotas picadas
- 1 taza de guisantes
- 1 taza de caldo de verduras bajo en sodio
- 2 cucharadas de pasta de tomate sin sal agregada
- 1 cucharada de perejil picado

Direcciones:
1. Calienta una sartén con el aceite a fuego medio, agrega las chalotas, revuelve y sofríe por 5 minutos.
2. Agrega las chuletas de cerdo y dora durante 2 minutos por cada lado.
3. Agrega el resto de los ingredientes, lleva a fuego lento y cocina a fuego medio durante 15 minutos.
4. Divida la mezcla entre platos y sirva.

Nutrición: calorías 357, grasa 27, fibra 1.9, carbohidratos 7.7, proteína 20.7

Maíz de cerdo y menta

Tiempo de preparación: 10 minutos.
Tiempo de cocción: 1 hora.
Porciones: 4

Ingredientes:
- 4 chuletas de cerdo
- 1 taza de caldo de verduras bajo en sodio
- 1 taza de maíz
- 1 cucharada de menta picada
- 1 cucharadita de pimentón dulce
- Pimienta negra al gusto
- 1 cucharada de aceite de oliva

Direcciones:
1. Ponga las chuletas de cerdo en una fuente para asar, agregue el resto de los ingredientes, mezcle, introduzca en el horno y hornee a 380 grados F durante 1 hora.
2. Divida todo entre platos y sirva.

Nutrición: calorías 356, grasa 14, fibra 5.4, carbohidratos 11.0, proteína 1

Cordero al eneldo

Tiempo de preparación: 10 minutos.
Tiempo de cocción: 25 minutos.
Porciones: 4

Ingredientes:
- Jugo de 2 limones
- 1 cucharada de ralladura de lima rallada
- 1 cucharada de eneldo picado
- 2 dientes de ajo picados
- 2 cucharadas de aceite de oliva
- 2 libras de carne de cordero, en cubos
- 1 taza de cilantro picado
- Pimienta negra al gusto

Direcciones:
1. Calentar una sartén con el aceite a fuego medio-alto, agregar el ajo y la carne y dorar durante 4 minutos por cada lado.
2. Agregue el jugo de limón y los demás ingredientes y cocine por 15 minutos más revolviendo con frecuencia.
3. Divida todo entre platos y sirva.

Nutrición: calorías 370, grasa 11.7, fibra 4.2, carbohidratos 8.9, proteína 20

Chuletas de cerdo con pimienta de Jamaica y aceitunas

Tiempo de preparación: 10 minutos.
Tiempo de cocción: 35 minutos.
Porciones: 4

Ingredientes:
- 4 chuletas de cerdo
- 2 cucharadas de aceite de oliva
- 1 taza de aceitunas kalamata, sin hueso y cortadas por la mitad
- 1 cucharadita de pimienta de Jamaica, molida
- ¼ taza de leche de coco
- 1 cebolla amarilla picada
- 1 cucharada de cebollino picado

Direcciones:
1. Calentar una sartén con el aceite a fuego medio, agregar la cebolla y la carne y dorar durante 4 minutos por cada lado.
2. Agrega el resto de los ingredientes, revuelve suavemente, introduce en el horno y hornea a 390 grados F por 25 minutos más.
3. Divida todo entre platos y sirva.

Nutrición: calorías 290, grasa 10, fibra 4.4, carbohidratos 7.8, proteína 22

Chuletas de cordero italianas

Tiempo de preparación: 10 minutos.
Tiempo de cocción: 30 minutos.
Porciones: 4

Ingredientes:
- 4 chuletas de cordero
- 1 cucharada de orégano picado
- 1 cucharada de aceite de oliva
- 1 cebolla amarilla picada
- 2 cucharadas de parmesano bajo en grasa rallado
- 1/3 taza de caldo de verduras bajo en sodio
- Pimienta negra al gusto
- 1 cucharadita de condimento italiano

Direcciones:
1. Calentar una sartén con el aceite a fuego medio-alto, agregar las chuletas de cordero y la cebolla y dorar durante 4 minutos por cada lado.
2. Agrega el resto de los ingredientes excepto el queso y revuelve.
3. Espolvoree el queso por encima, introduzca la sartén en el horno y hornee a 350 grados F durante 20 minutos.
4. Divida todo entre platos y sirva.

Nutrición: calorías 280, grasa 17, fibra 5.5, carbohidratos 11.2, proteína 14

Arroz con Cerdo y Orégano

Tiempo de preparación: 10 minutos.
Tiempo de cocción: 35 minutos.
Porciones: 4

Ingredientes:
- 1 cucharada de aceite de oliva
- 1 libra de carne de estofado de cerdo, en cubos
- 1 cucharada de orégano picado
- 1 taza de arroz blanco
- 2 tazas de caldo de pollo bajo en sodio
- Pimienta negra al gusto
- 2 dientes de ajo picados
- Jugo de ½ limón
- 1 cucharada de cilantro picado

Direcciones:
1. Calentar una olla con el aceite a fuego medio, agregar la carne y el ajo y dorar por 5 minutos.
2. Agrega el arroz, el caldo y los demás ingredientes, lleva a fuego lento y cocina a fuego medio durante 30 minutos.
3. Divida todo entre platos y sirva.

Nutrición: calorías 330, grasa 13, fibra 5.2, carbohidratos 13.4, proteína 22.2

Albóndigas de cerdo

Tiempo de preparación: 10 minutos.
Tiempo de cocción: 30 minutos.
Porciones: 4

Ingredientes:
- 3 cucharadas de harina de almendras
- 2 cucharadas de aceite de aguacate
- 2 huevos batidos
- Pimienta negra al gusto
- 2 libras de cerdo, molido
- 1 cucharada de cilantro picado
- 10 onzas de salsa de tomate enlatada, sin sal agregada

Direcciones:
1. En un bol, combine el cerdo con la harina y los demás ingredientes excepto la salsa y el aceite, revuelva bien y forme albóndigas medianas con esta mezcla.
2. Calienta una sartén con el aceite a fuego medio, agrega las albóndigas y dora por 3 minutos por cada lado, agrega la salsa, revuelve suavemente, lleva a fuego lento y cocina a fuego medio por 20 minutos más.
3. Divida todo en tazones y sirva.

Nutrición: calorías 332, grasa 18, fibra 4, carbohidratos 14.3, proteína 25

Carne de cerdo y endivias

Tiempo de preparación: 10 minutos.
Tiempo de cocción: 35 minutos.
Porciones: 4

Ingredientes:
- 1 libra de carne de estofado de cerdo, en cubos
- 2 endivias, cortadas y ralladas
- 1 taza de caldo de res bajo en sodio
- 1 cucharadita de chile en polvo
- Una pizca de pimienta negra
- 1 cebolla morada picada
- 1 cucharada de aceite de oliva

Direcciones:
1. Calienta una sartén con el aceite a fuego medio, agrega la cebolla y las endivias, revuelve y cocina por 5 minutos.
2. Agrega la carne, revuelve y cocina por 5 minutos más.
3. Agrega el resto de los ingredientes, lleva a fuego lento y cocina a fuego medio por 25 minutos más.
4. Divida todo entre platos y sirva.

Nutrición: calorías 330, grasa 12.6, fibra 4.2, carbohidratos 10, proteína 22

Rábano de cerdo y cebollino

Tiempo de preparación: 10 minutos.
Tiempo de cocción: 35 minutos.
Porciones: 4

Ingredientes:
- 1 taza de rábanos, en cubos
- 1 libra de carne de estofado de cerdo, en cubos
- 1 cucharada de aceite de oliva
- 1 cebolla morada picada
- 1 taza de tomates enlatados, sin sal agregada, triturados
- 1 cucharada de cebollino picado
- 2 dientes de ajo picados
- Pimienta negra al gusto
- 1 cucharadita de vinagre balsámico

Direcciones:
1. Calienta una sartén con el aceite a fuego medio, agrega la cebolla y el ajo, revuelve y cocina por 5 minutos.
2. Agrega la carne y dora por 5 minutos más.
3. Agrega los rábanos y los demás ingredientes, lleva a fuego lento y cocina a fuego medio por 25 minutos más.
4. Divida todo en tazones y sirva.

Nutrición: calorías 274, grasa 14, fibra 3.5, carbohidratos 14.8, proteína 24.1

Salteado de Albóndigas de Menta y Espinacas

Tiempo de preparación: 10 minutos.
Tiempo de cocción: 25 minutos.
Porciones: 4

Ingredientes:
- 1 libra de carne para estofado de cerdo, molida
- 1 cebolla amarilla picada
- 1 huevo batido
- 1 cucharada de menta picada
- Pimienta negra al gusto
- 2 dientes de ajo picados
- 2 cucharadas de aceite de oliva
- 1 taza de tomates cherry, cortados por la mitad
- 1 taza de espinacas tiernas
- ½ taza de caldo de verduras bajo en sodio

Direcciones:
1. En un bol, combine la carne con la cebolla y los demás ingredientes excepto el aceite, los tomates cherry y las espinacas, revuelva bien y forme albóndigas medianas con esta mezcla.
2. Calentar una sartén con el aceite de oliva a fuego medio-alto, agregar las albóndigas y cocinar 5 minutos por cada lado.
3. Agregue las espinacas, los tomates y el caldo, mezcle, cocine a fuego lento todo durante 15 minutos.
4. Divida todo en tazones y sirva.

Nutrición: calorías 320, grasa 13.4, fibra 6, carbohidratos 15.8, proteína 12

Albóndigas y Salsa de Coco

Tiempo de preparación: 10 minutos.
Tiempo de cocción: 20 minutos.
Porciones: 4

Ingredientes:
- 2 libras de cerdo, molido
- Pimienta negra al gusto
- ¾ taza de harina de almendras
- 2 huevos batidos
- 1 cucharada de perejil picado
- 2 cebollas rojas picadas
- 2 cucharadas de aceite de oliva
- ½ taza de crema de coco
- Pimienta negra al gusto

Direcciones:
1. En un bol mezclar la carne de cerdo con la harina de almendras y los demás ingredientes excepto la cebolla, el aceite y la nata, remover bien y dar forma a las albóndigas medianas con esta mezcla.
2. Calienta una sartén con el aceite a fuego medio, agrega las cebollas, revuelve y sofríe por 5 minutos.
3. Agrega las albóndigas y cocina por 5 minutos más.
4. Agregue la crema de coco, lleve a fuego lento, cocine todo por 10 minutos más, divida en tazones y sirva.

Nutrición: calorías 435, grasa 23, fibra 14, carbohidratos 33.2, proteína 12.65

Lentejas y Cerdo con Cúrcuma

Tiempo de preparación: 10 minutos.
Tiempo de cocción: 25 minutos.
Porciones: 4

Ingredientes:
- 1 libra de carne de estofado de cerdo, en cubos
- ½ taza de salsa de tomate, sin sal agregada
- 1 cebolla amarilla picada
- 2 cucharadas de aceite de oliva
- 1 taza de lentejas enlatadas, sin sal agregada, escurridas
- 1 cucharadita de curry en polvo
- 1 cucharadita de cúrcuma en polvo
- Pimienta negra al gusto

Direcciones:
1. Calentar una sartén con el aceite a fuego medio-alto, agregar la cebolla y la carne y dorar por 5 minutos.
2. Agrega la salsa y los demás ingredientes, revuelve, cocina a fuego medio por 20 minutos, divide todo en tazones y sirve.

Nutrición: calorías 367, grasa 23, fibra 6,9, carbohidratos 22,1, proteína 22

Cordero Salteado

Tiempo de preparación: 10 minutos.
Tiempo de cocción: 25 minutos.
Porciones: 4

Ingredientes:
- 1 libra de carne de cordero molida
- 1 cucharada de aceite de aguacate
- 1 pimiento rojo cortado en tiras
- 1 cebolla morada en rodajas
- 2 tomates, en cubos
- 1 zanahoria en cubos
- 2 bulbos de hinojo, en rodajas
- Pimienta negra al gusto
- 2 cucharadas de vinagre balsámico
- 1 cucharada de cilantro picado

Direcciones:
1. Calentar una sartén con el aceite a fuego medio-alto, agregar la cebolla y la carne y dorar por 5 minutos.
2. Agrega el pimiento morrón y los demás ingredientes, revuelve, cocina a fuego medio por 20 minutos más, divide en tazones y sirve de inmediato.

Nutrición: calorías 367, grasa 14.3, fibra 4.3, carbohidratos 15.8, proteína 16

Cerdo con Remolacha

Tiempo de preparación: 10 minutos.
Tiempo de cocción: 30 minutos.
Porciones: 4

Ingredientes:
- 1 libra de carne de cerdo, en cubos
- 2 remolachas pequeñas, peladas y en cubos
- 2 cucharadas de aceite de oliva
- 1 cebolla amarilla picada
- 2 dientes de ajo picados
- Sal y pimienta negra al gusto
- ½ taza de crema de coco.

Direcciones:
1. Calentar una sartén con el aceite a fuego medio-alto, agregar la cebolla y el ajo, remover y cocinar por 5 minutos.
2. Agrega la carne y dora por 5 minutos más.
3. Agrega el resto de los ingredientes, lleva a fuego lento y cocina a fuego medio durante 20 minutos.
4. Divida la mezcla entre platos y sirva.

Nutrición: calorías 311, grasa 14.3, fibra 4.5, carbohidratos 15.2, proteína 17

Cordero y repollo

Tiempo de preparación: 10 minutos.
Tiempo de cocción: 35 minutos.
Porciones: 4

Ingredientes:
- 2 cucharadas de aceite de aguacate
- 1 libra de carne de estofado de cordero, cortada en cubos aproximadamente
- 1 repollo verde, rallado
- 1 taza de tomates enlatados, sin sal agregada, picados
- 1 cebolla amarilla picada
- 1 cucharadita de tomillo seco
- Pimienta negra al gusto
- 2 dientes de ajo picados

1. **Direcciones:**
2. Calienta una sartén con el aceite a fuego medio-alto, agrega la cebolla y el ajo y sofríe por 5 minutos.
3. Agrega la carne y dora por otros 5 minutos.
4. Agregue el resto de los ingredientes, mezcle, lleve a fuego lento y cocine a fuego medio durante 25 minutos más.
5. Divida todo entre platos y sirva.

Nutrición: calorías 325, grasa 11, fibra 6.1, carbohidratos 11.7, proteína 16

Cordero con Maíz y Okra

Tiempo de preparación: 10 minutos.
Tiempo de cocción: 30 minutos.
Porciones: 4

Ingredientes:
- 1 libra de carne de estofado de cordero, cortada en cubos aproximadamente
- 1 cebolla amarilla picada
- 2 dientes de ajo picados
- 2 cucharadas de aceite de aguacate
- 1 taza de okra, picada
- 1 taza de maíz
- 1 taza de caldo de verduras bajo en sodio
- 1 cucharada de perejil picado

Direcciones:
1. Calentar una sartén con el aceite a fuego medio-alto, agregar la cebolla y el ajo, remover y sofreír por 5 minutos.
2. Agrega la carne, revuelve y cocina por 5 minutos más.
3. Agregue el resto de los ingredientes, mezcle, cocine a fuego lento y cocine a fuego medio durante 20 minutos.
4. Divida todo en tazones y sirva.

Nutrición: calorías 314, grasa 12, fibra 4.4, carbohidratos 13.3, proteína 17

Cerdo con mostaza y estragón

Tiempo de preparación: 10 minutos.
Tiempo de cocción: 8 horas.
Porciones: 4

Ingredientes:
- 2 libras de cerdo asado, en rodajas
- 2 cucharadas de aceite de oliva
- Pimienta negra al gusto
- 1 cucharada de estragón picado
- 2 chalotas picadas
- 1 taza de caldo de verduras bajo en sodio
- 1 cucharada de tomillo picado
- 1 cucharada de mostaza

Direcciones:
1. En una olla de cocción lenta, combine el asado con la pimienta negra y los demás ingredientes, tape y cocine a temperatura baja durante 8 horas.
2. Divida el asado de cerdo entre platos, rocíe la salsa de mostaza por todos lados y sirva.

Nutrición: calorías 305, grasa 14.5, fibra 5.4, carbohidratos 15.7, proteína 18

Cerdo con Brotes y Alcaparras

Tiempo de preparación: 10 minutos.
Tiempo de cocción: 35 minutos.
Porciones: 4

Ingredientes:
- 2 cucharadas de aceite de oliva
- 1 taza de caldo de verduras bajo en sodio
- 2 cucharadas de alcaparras, escurridas
- 500 g de chuletas de cerdo
- 1 taza de brotes de soja
- 1 cebolla amarilla, cortada en gajos
- Pimienta negra al gusto

Direcciones:
1. Calentar una sartén con el aceite a fuego medio-alto, agregar la cebolla y la carne y dorar por 5 minutos.
2. Agrega el resto de los ingredientes, introduce la sartén en el horno y hornea a 390 grados F por 30 minutos.
3. Divida todo entre platos y sirva.

Nutrición: calorías 324, grasa 12.5, fibra 6.5, carbohidratos 22.2, proteína 15.6

Cerdo con Coles de Bruselas

Tiempo de preparación: 10 minutos.
Tiempo de cocción: 35 minutos.
Porciones: 4

Ingredientes:
- 2 libras de carne de cerdo para estofado, en cubos
- ¼ de taza de salsa de tomate baja en sodio
- Pimienta negra al gusto
- ½ libra de coles de Bruselas, cortadas a la mitad
- 1 cucharada de aceite de oliva
- 2 cebolletas picadas
- 1 cucharada de cilantro picado

Direcciones:
1. Calentar una sartén con el aceite a fuego medio-alto, agregar las cebollas y los brotes y dorar por 5 minutos.
2. Agrega la carne y los demás ingredientes, lleva a fuego lento y cocina a fuego medio durante 30 minutos más.
3. Divida todo entre platos y sirva.

Nutrición: calorías 541, grasa 25.6, fibra 2.6, carbohidratos 6.5, proteína 68.7

Mezcla de cerdo y judías verdes calientes

Tiempo de preparación: 10 minutos.
Tiempo de cocción: 20 minutos.
Porciones: 4

Ingredientes:
- 1 cebolla amarilla picada
- 2 libras de carne de cerdo, cortada en tiras
- ½ libra de ejotes, cortados y cortados por la mitad
- 1 pimiento rojo picado
- Pimienta negra al gusto
- 1 cucharada de aceite de oliva
- ¼ taza de ají rojo picado
- 1 taza de caldo de verduras bajo en sodio

Direcciones:
1. Calienta una sartén con el aceite a fuego medio-alto, agrega la cebolla y sofríe por 5 minutos.
2. Agrega la carne y dora por 5 minutos más.
3. Agrega el resto de los ingredientes, revuelve, cocina por 10 minutos a fuego medio, divide en platos y sirve.

Nutrición: calorías 347, grasa 24.8, fibra 3.3, carbohidratos 18.1, proteína 15.2

Cordero con Quinua

Tiempo de preparación: 10 minutos.
Tiempo de cocción: 30 minutos.
Porciones: 4

Ingredientes:
　1 taza de quinua
　2 tazas de caldo de pollo bajo en sodio
　1 cucharada de aceite de oliva
　1 taza de crema de coco
　2 libras de carne de estofado de cordero, en cubos
　2 chalotas picadas
　2 dientes de ajo picados
　Pimienta negra al gusto
　Una pizca de hojuelas de pimiento rojo triturado

Direcciones:
1. Calentar una olla con el aceite a fuego medio-alto, agregar las chalotas y el ajo, remover y sofreír por 5 minutos.
2. Agrega la carne y dora por 5 minutos más.
3. Agregue el resto de los ingredientes, revuelva, cocine a fuego lento, reduzca el fuego a medio y cocine por 20 minutos.
4. Divida los tazones de mezcla y sirva.

Nutrición: calorías 755, grasa 37, fibra 4.4, carbohidratos 32, proteína 71.8

Pan de cordero y bok choy

Tiempo de preparación: 10 minutos.
Tiempo de cocción: 30 minutos.
Porciones: 4

Ingredientes:
- 1 taza de caldo de pollo bajo en sodio
- 1 taza de bok choy, desgarrado
- 1 libra de carne de estofado de cordero, cortada en cubos aproximadamente
- 2 cucharadas de aceite de aguacate
- 1 cebolla amarilla picada
- 1 zanahoria picada
- Pimienta negra al gusto

Direcciones:
1. Calienta una sartén con el aceite a fuego medio-alto, agrega la cebolla y la zanahoria y sofríe por 5 minutos.
2. Agrega la carne y dora por 5 minutos más.
3. Agrega el resto de los ingredientes, lleva a fuego lento y cocina a fuego medio durante 20 minutos.
4. Divida todo entre platos y sirva.

Nutrición: calorías 360, grasa 14.5, fibra 5, carbohidratos 22.4, proteína 16

Cerdo con Okra y Aceitunas

Tiempo de preparación: 10 minutos.
Tiempo de cocción: 35 minutos.
Porciones: 4

Ingredientes:
- ½ taza de caldo de verduras bajo en sodio
- 1 taza de okra, cortada
- 1 taza de aceitunas negras, sin hueso y cortadas por la mitad
- 2 cucharadas de aceite de oliva
- 4 chuletas de cerdo
- 1 cebolla morada, cortada en gajos
- Pimienta negra al gusto
- ½ cucharada de hojuelas de pimiento rojo
- 3 cucharadas de aminoácidos de coco

Direcciones:
1. Engrase una fuente para asar con el aceite y coloque las chuletas de cerdo en su interior.
2. Agregue el resto de los ingredientes, mezcle suavemente y hornee a 390 grados F durante 35 minutos.
3. Divida todo entre platos y sirva.

Nutrición: calorías 310, grasa 14.6, fibra 6, carbohidratos 20.4, proteína 16

Cerdo y Alcaparras Cebada

Tiempo de preparación: 10 minutos.
Tiempo de cocción: 35 minutos.
Porciones: 4

Ingredientes:
- 1 taza de cebada
- 2 tazas de caldo de pollo bajo en sodio
- 1 libra de carne de estofado de cerdo, en cubos
- 1 cebolla morada en rodajas
- 1 cucharada de aceite de oliva
- Pimienta negra al gusto
- 1 cucharadita de fenogreco en polvo
- 1 cucharada de cebollino picado
- 1 cucharada de alcaparras, escurridas

Direcciones:
1. Calentar una sartén con el aceite a fuego medio-alto, agregar la cebolla y la carne y dorar por 5 minutos.
2. Agregue la cebada y los demás ingredientes, mezcle, cocine a fuego lento a fuego medio durante 30 minutos.
3. Divida todo en tazones y sirva.

Nutrición: calorías 447, grasa 15.6, fibra 8.6, carbohidratos 36.5, proteína 39.8

Mezcla de cerdo y cebollas verdes

Tiempo de preparación: 10 minutos.
Tiempo de cocción: 40 minutos.
Porciones: 5

Ingredientes:
- 1 libra de carne de cerdo, en cubos
- 1 cucharada de aceite de aguacate
- 1 cebolla amarilla picada
- 1 manojo de cebolla verde picada
- 4 dientes de ajo picados
- 1 taza de salsa de tomate baja en sodio
- Pimienta negra al gusto

Direcciones:
1. Calienta una sartén con el aceite a fuego medio-alto, agrega la cebolla y las cebolletas, revuelve y cocina por 5 minutos.
2. Agrega la carne, revuelve y cocina por 5 minutos más.
3. Agrega el resto de los ingredientes, revuelve y cocina a fuego medio por 30 minutos más.
4. Divida todo en tazones y sirva.

Nutrición: calorías 206, grasa 8.6, fibra 1.8, carbohidratos 7.2, proteína 23.4

Nuez moscada de cerdo y frijoles negros

Tiempo de preparación: 5 minutos.
Tiempo de cocción: 40 minutos.
Porciones: 8

Ingredientes:
- 2 cucharadas de aceite de oliva
- 1 taza de frijoles negros enlatados, sin sal agregada, escurridos
- 1 cebolla amarilla picada
- 1 taza de tomates enlatados, sin sal agregada, picados
- 2 libras de carne de cerdo para estofado, en cubos
- 2 dientes de ajo picados
- Pimienta negra al gusto
- ½ cucharadita de nuez moscada molida

Direcciones:
1. Calentar una sartén con el aceite a fuego medio, agregar la cebolla y el ajo y sofreír por 5 minutos.
2. Agrega la carne, revuelve y cocina por 5 minutos más.
3. Agregue el resto de los ingredientes, mezcle, cocine a fuego lento y cocine a fuego medio durante 30 minutos.
4. Divida la mezcla en tazones y sirva.

Nutrición: calorías 365, grasa 14,9, fibra 4,3, carbohidratos 17,6, proteína 38,8

Ensalada de salmón y duraznos

Tiempo de preparación: 10 minutos.
Tiempo de cocción: 0 minutos.
Porciones: 4

Ingredientes:
- 2 filetes de salmón ahumado, deshuesados, sin piel y en cubos
- 2 melocotones, sin hueso y en cubos
- 1 cucharadita de aceite de oliva
- Una pizca de pimienta negra
- 2 tazas de espinacas tiernas
- ½ cucharada de vinagre balsámico
- 1 cucharada de jugo de limón
- 1 cucharada de cilantro picado

Direcciones:
1. En una ensaladera, combine el salmón con los duraznos y los demás ingredientes, mezcle y sirva frío.

Nutrición: calorías 133, grasa 7.1, fibra 1.5, carbohidratos 8.2, proteína 1.7

Alcaparras de salmón y eneldo

Tiempo de preparación: 10 minutos.
Tiempo de cocción: 15 minutos.
Porciones: 4

Ingredientes:
- 2 cucharadas de aceite de oliva
- 4 filetes de salmón, deshuesados
- 1 cucharada de alcaparras, escurridas
- 1 cucharada de eneldo picado
- 1 chalota picada
- ½ taza de crema de coco
- Una pizca de pimienta negra

Direcciones:
1. Calentar una sartén con el aceite a fuego medio-alto, agregar la chalota y las alcaparras, remover y sofreír 4 minutos.
2. Agrega el salmón y cocínalo 3 minutos por cada lado.
3. Agrega el resto de los ingredientes, cocina todo por 5 minutos más, divide en platos y sirve.

Nutrición: calorías 369, grasa 25.2, fibra 0.9, carbohidratos 2.7, proteína 35.5

Ensalada de salmón y pepino

Tiempo de preparación: 10 minutos.
Tiempo de cocción: 0 minutos.
Porciones: 4

Ingredientes:
- 2 cucharadas de aceite de oliva
- ½ cucharadita de jugo de limón
- ½ cucharadita de ralladura de limón rallada
- Una pizca de pimienta negra
- 1 taza de aceitunas negras, sin hueso y cortadas por la mitad
- 1 taza de pepino en cubos
- ½ libra de salmón ahumado, deshuesado y en cubos
- 1 cucharada de cebollino picado

Direcciones:
1. En una ensaladera, combine el salmón con las aceitunas y los demás ingredientes, mezcle y sirva.

Nutrición: calorías 170, grasa 13.1, fibra 1.3, carbohidratos 3.2, proteína 10.9

Atún y Chalotes

Tiempo de preparación: 10 minutos.
Tiempo de cocción: 15 minutos.
Porciones: 4

Ingredientes:
- 4 filetes de atún, deshuesados y sin piel
- 1 cucharada de aceite de oliva
- 2 chalotas picadas
- 2 cucharadas de jugo de lima
- Una pizca de pimienta negra
- 1 cucharadita de pimentón dulce
- ½ taza de caldo de pollo bajo en sodio

Direcciones:
1. Calienta una sartén con el aceite a fuego medio-alto, agrega las chalotas y sofríe por 3 minutos.
2. Agrega el pescado y cuece durante 4 minutos por cada lado.
3. Agrega el resto de los ingredientes, cocina todo por 3 minutos más, divide en platos y sirve.

Nutrición: calorías 404, grasa 34.6, fibra 0.3, carbohidratos 3, proteína 21.4

Mezcla de bacalao a la menta

Tiempo de preparación: 10 minutos.
Tiempo de cocción: 17 minutos.
Porciones: 4

Ingredientes:
- 2 cucharadas de aceite de oliva
- 1 cucharada de jugo de limón
- 1 cucharada de menta picada
- 4 filetes de bacalao deshuesados
- 1 cucharadita de ralladura de limón rallada
- Una pizca de pimienta negra
- ¼ de taza de chalota picada
- ½ taza de caldo de pollo bajo en sodio

Direcciones:
1. Calienta una sartén con el aceite a fuego medio, agrega las chalotas, revuelve y sofríe por 5 minutos.
2. Agrega el bacalao, el jugo de limón y los demás ingredientes, lleva a fuego lento y cocina a fuego medio durante 12 minutos.
3. Divida todo entre platos y sirva.

Nutrición: calorías 160, grasa 8.1, fibra 0.2, carbohidratos 2, proteína 20.5

Bacalao y Tomates

Tiempo de preparación: 10 minutos.
Tiempo de cocción: 16 minutos.
Porciones: 4

Ingredientes:
- 2 cucharadas de aceite de oliva
- 2 dientes de ajo picados
- ½ taza de caldo de verduras bajo en sodio
- 4 filetes de bacalao deshuesados
- 1 taza de tomates cherry, cortados por la mitad
- 2 cucharadas de jugo de lima
- Una pizca de pimienta negra
- 1 cucharada de cebollino picado

Direcciones:
1. Calentar una sartén con el aceite a fuego medio-alto, agregar el ajo y el pescado y cocinar 3 minutos por cada lado.
2. Agrega el resto de los ingredientes, lleva a fuego lento y cocina a fuego medio por 10 minutos más.
3. Divida todo entre platos y sirva.

Nutrición: calorías 169, grasa 8.1, fibra 0.8, carbohidratos 4.7, proteína 20.7

Atún al pimentón

Tiempo de preparación: 4 minutos.
Tiempo de cocción: 10 minutos.
Porciones: 4

Ingredientes:
- 2 cucharadas de aceite de oliva
- 4 filetes de atún, deshuesados
- 2 cucharaditas de pimentón dulce
- ½ cucharadita de chile en polvo
- Una pizca de pimienta negra

Direcciones:
1. Calentar una sartén con el aceite a fuego medio-alto, agregar los filetes de atún, sazonar con pimentón, pimienta negra y chile en polvo, cocinar 5 minutos por cada lado, dividir en platos y servir con una guarnición.

Nutrición: calorías 455, grasa 20.6, fibra 0.5, carbohidratos 0.8, proteína 63.8

Bacalao a la naranja

Tiempo de preparación: 5 minutos.
Tiempo de cocción: 12 minutos.
Porciones: 4

Ingredientes:
- 1 cucharada de perejil picado
- 4 filetes de bacalao deshuesados
- 1 taza de jugo de naranja
- 2 cebolletas picadas
- 1 cucharadita de ralladura de naranja
- 1 cucharada de aceite de oliva
- 1 cucharadita de vinagre balsámico
- Una pizca de pimienta negra

Direcciones:
1. Calienta una sartén con el aceite a fuego medio, agrega las cebolletas y sofríe por 2 minutos.
2. Agrega el pescado y los demás ingredientes, cocina 5 minutos por cada lado, divide todo en platos y sirve.

Nutrición: calorías 152, grasa 4.7, fibra 0.4, carbohidratos 7.2, proteína 20.6

Salmón Albahaca

Tiempo de preparación: 5 minutos.
Tiempo de cocción: 14 minutos.
Porciones: 4

Ingredientes:
- 2 cucharadas de aceite de oliva
- 4 filetes de salmón, sin piel
- 2 dientes de ajo picados
- Una pizca de pimienta negra
- 2 cucharadas de vinagre balsámico
- 2 cucharadas de albahaca picada

Direcciones:
1. Calentar una sartén con el aceite de oliva, añadir el pescado y cocinar 4 minutos por cada lado.
2. Agrega el resto de los ingredientes, cocina todo por 6 minutos más.
3. Divida todo entre platos y sirva.

Nutrición: calorías 300, grasa 18, fibra 0.1, carbohidratos 0.6, proteína 34.7

Bacalao y Salsa Blanca

Tiempo de preparación: 10 minutos.
Tiempo de cocción: 15 minutos.
Porciones: 4

Ingredientes:
- 2 cucharadas de aceite de oliva
- 4 filetes de bacalao, deshuesados y sin piel
- 1 chalota picada
- ½ taza de crema de coco
- 3 cucharadas de yogur descremado
- 2 cucharadas de eneldo picado
- Una pizca de pimienta negra
- 1 diente de ajo picado

Direcciones:
1. Calienta una sartén con el aceite a fuego medio, agrega las chalotas y sofríe por 5 minutos.
2. Agrega el pescado y los demás ingredientes y cocina por 10 minutos más.
3. Divida todo entre platos y sirva.

Nutrición: calorías 252, grasa 15.2, fibra 0.9, carbohidratos 7.7, proteína 22.3

Mezcla de fletán y rábanos

Tiempo de preparación: 10 minutos.
Tiempo de cocción: 15 minutos.
Porciones: 4

Ingredientes:
- 2 chalotas picadas
- 4 filetes de fletán, deshuesados
- 1 taza de rábanos, cortados por la mitad
- 1 taza de tomates en cubos
- 1 cucharada de aceite de oliva
- 1 cucharada de cilantro picado
- 2 cucharaditas de jugo de limón
- Una pizca de pimienta negra

Direcciones:
1. Engrase una fuente para asar con el aceite y coloque el pescado en su interior.
2. Agrega el resto de los ingredientes, introduce en el horno y hornea a 400 grados F por 15 minutos.
3. Divida todo entre platos y sirva.

Nutrición: calorías 231, grasa 7.8, fibra 6, carbohidratos 11.9, proteína 21.1

Mezcla de salmón y almendra

Tiempo de preparación: 10 minutos.
Tiempo de cocción: 15 minutos.
Porciones: 4

Ingredientes:
- 2 cucharadas de aceite de oliva
- ½ taza de almendras picadas
- 4 filetes de salmón, deshuesados
- 1 chalota picada
- ½ taza de caldo de verduras bajo en sodio
- 2 cucharadas de perejil picado
- Pimienta negra al gusto

Direcciones:
1. Calienta una sartén con el aceite a fuego medio, agrega la chalota y sofríe por 4 minutos.
2. Agrega el salmón y los demás ingredientes, cocina 5 minutos por cada lado, divide todo entre platos y sirve.

Nutrición: calorías 240, grasa 6.4, fibra 2.6, carbohidratos 11.4, proteína 15

Bacalao y Brócoli

Tiempo de preparación: 10 minutos.
Tiempo de cocción: 20 minutos.
Porciones: 4

Ingredientes:
- 2 cucharadas de aminoácidos de coco
- 1 libra de floretes de brócoli
- 4 filetes de bacalao deshuesados
- 1 cebolla morada picada
- 2 cucharadas de aceite de oliva
- ¼ de taza de caldo de pollo bajo en sodio
- Pimienta negra al gusto

Direcciones:
1. Calentar una sartén con el aceite a fuego medio, agregar la cebolla y el brócoli y cocinar por 5 minutos.
2. Agrega el pescado y los demás ingredientes, cocina por 20 minutos más, divide todo en platos y sirve.

Nutrición: calorías 220, grasa 14.3, fibra 6.3, carbohidratos 16.2, proteína 9

Mezcla de jengibre y lubina

Tiempo de preparación: 10 minutos.
Tiempo de cocción: 15 minutos.
Porciones: 4

Ingredientes:
- 1 cucharada de vinagre balsámico
- 1 cucharada de jengibre rallado
- 2 cucharadas de aceite de oliva
- Pimienta negra al gusto
- 4 filetes de lubina deshuesados
- 1 cucharada de cilantro picado

Direcciones:
1. Calentar una sartén con el aceite a fuego medio, agregar el pescado y cocinar 5 minutos por cada lado.
2. Agrega el resto de los ingredientes, cocina todo por 5 minutos más, divide todo entre platos y sirve.

Nutrición: calorías 267, grasa 11.2, fibra 5.2, carbohidratos 14.3, proteína 14.3

Salmón y Judías Verdes

Tiempo de preparación: 10 minutos.
Tiempo de cocción: 20 minutos.
Porciones: 4

Ingredientes:
- 2 cucharadas de aceite de oliva
- 1 taza de caldo de pollo bajo en sodio
- 4 filetes de salmón, deshuesados
- 2 dientes de ajo picados
- 1 cucharada de jengibre rallado
- ½ libra de ejotes, cortados y cortados por la mitad
- 2 cucharaditas de vinagre balsámico
- ¼ de taza de cebolletas picadas

Direcciones:
1. Calentar una sartén con el aceite a fuego medio, agregar la cebolleta y el ajo y sofreír por 5 minutos.
2. Agrega el salmón y cocínalo durante 5 minutos por cada lado.
3. Agrega el resto de los ingredientes, cocina todo por 5 minutos más, divide en platos y sirve.

Nutrición: calorías 220, grasa 11.6, fibra 2, carbohidratos 17.2, proteína 9.3

www.ingramcontent.com/pod-product-compliance
Lightning Source LLC
Chambersburg PA
CBHW071822080526
44589CB00012B/889